総合判例研究叢書

刑　法 (2)

有　斐　閣

刑法・編集委員

佐伯千仭

団藤重光

序

フランスにおいて、自由法学の名とともに判例の研究が異常な発達を遂げているのは、その民法典が百五十余年の齢を重ねたからだといわれている。それに比較すると、わが国の諸法典は、まだ若い。最も古いものでも、六、七十年の年月を経たに過ぎない。しかし、わが国の諸法典は、いずれも、近代的法制を全く知らなかつたところに輸入されたものである。そのことを思えば、この六十年の間に極めて重要な判例の変遷があつたであろうことは、容易に想像がつく。事実、わが国の諸法典は、それに関連する判例の研究でこれを補充しなければ、その正確な意味を理解し得ないようになつている。

判例が法源であるかどうかの理論については、今日なお議論の余地があろう。しかし、実際問題として、多くの条項が判例によつてその具体的な意義を明かにされているばかりでなく、判例によつて特殊の制度が創造されている例も、決して少くはない。判例研究の重要なことについては、何人も異議のないことであろう。

判例の創造した特殊の制度の内容を明かにするためにはもちろんのこと、判例によつて明かにされた条項の意義を探るためにも、判例の総合的な研究が必要である。同一の事項についてのすべての判決を探り、取り扱われた事実の微妙な差異に注意しながら、総合的・発展的に研究するのでなければ、判例の研究は、決して終局の目的を達することはできない。そしてそれには、時間をかけた克明な努力を必要とする。

幸なことには、わが国でも、十数年来、そうした研究の必要が感じられ、優れた成果も少くないようになつた。いまや、この成果を集め、足らざるを補ない、欠けたるを充たし、全分野にわたる研究を完成すべき時期に際会している。

かようにして、われわれは、全国の学者を動員し、すでに優れた研究のできているものについては、その補訂を乞い、まだ研究の尽されていないものについては、新たに適任者にお願いして、ここに「総合判例研究叢書」を編むことにした。第一回に発表したものは、各法域に亘る重要な問題のうち、研究成果の比較的早くでき上ると予想されるものである。これに洩れた事項でさらに重要なもののあることは、われわれもよく知つている。やがて、第二回、第三回と編集を継続して、完全な総合判例法の完成を期するつもりである。ここに、編集に当つての所信を述べ、協力される諸学者に深甚の謝意を表するとともに、同学の士の援助を願う次第である。

昭和三十一年五月

編集代表
小野清一郎　宮沢俊義
末川博　我妻栄
中川善之助

凡例

一 判例の重要なものについては、判旨、事実、上告論旨等を引用し、各件毎に一連番号を附した。

二 判例年月日、巻数、頁数等を示すには、おおむね左の略号を用いた。

大判大五・一一・八民録二二・二〇七七 （大審院判決録）

（大正五年十一月八日、大審院判決、大審院民事判決録二十二輯二〇七七頁）

大判大一四・四・二三刑集四・二六二 （大審院判例集）

最判昭二二・一二・一五刑集一・一・八〇 （最高裁判所判例集）

（昭和二十二年十二月十五日、最高裁判所判決、最高裁判所刑事判例集一巻一号八〇頁）

大判昭二・一二・六新聞二七九一・一五 （法律新聞）

大判昭三・九・二〇評論一八民法五七五 （法律評論）

大判昭四・五・二二裁判例三・刑法五五 （大審院裁判例）

福岡高判昭二六・一二・一四刑集四・一四・二一一四 （高等裁判所判例集）

大阪高判昭二八・七・四下級民集四・七・九七一 （下級裁判所民事裁判例集）

最判昭二八・二・二〇行政例集四・二・二三一 （行政事件裁判例集）

名古屋高判昭二五・五・八特一〇・七〇 （高等裁判所刑事判決特報）

東京高判昭三〇・一〇・二四東京高時報六・二・民二四九 （東京高等裁判所判決時報）

札幌高決昭二九・七・二三高裁特報一・二・七一 （高等裁判所刑事裁判特報）

前橋地決昭三〇・六・三〇労民集六・四・三八九　（労働関係民事裁判例

その他に、例えば次のような略語を用いた。

裁判所時報＝裁　時　　家庭裁判所月報＝家裁月報

判例時報＝判　時　　判例タイムズ＝判　タ

目　次

共謀共同正犯

齊藤金作

序

学者は、共犯を、或いは、刑法における三重点の一つであるとし、或いは、これを『絶望の章』であるとも言つている。学説にも、犯罪共同説があり、行為共同説が説かれ、共同意思主体説が主張せられている。判例も、旧刑法以来、おびただしい数がかぞえられるばかりでなく、それ等は、必ずしも、同一の学理に拠つていないのであつて、判例の推移には幾多の紆余曲折が認められる。私は、本稿においては、まず、共犯理論としては共同意思主体説を採るべきであるとし、しかも、現在、共犯判例は、この説を基礎としていることを、歴史的に、やや、くわしく論証し、ついで、この学説に立脚しつつ、判例によつて共犯論を構成し、意義・要件・処罰の順序に、右の膨大な判例を整理・分類した。それは、共同意思主体説による共犯判例法の素描である。従つて、判例のうちには故意に採録しなかつたものもある。もつとも、各問題点については、旧刑法以来の判例発展のあとを、学説と対比しながら、詳述するの態度を採つた。すなわち、旧刑法時を第一期とし、現行法下昭和一一年までを第二期とし、また、右判例以後についても、大審院時代を第三期、最高裁判所時代を第四期として事を論じているのである。

一　共犯学説

一　共犯学説は、これを分つて、犯罪共同説、行為共同説、共同意思主体説とすることができよう。右のうち、犯罪共同説は、客観説ともいい、共犯を解して、特定の犯罪が数人によつて為される場合である、とする学説であり、行為共同説は、主観説ともいい、共犯を解して、数人が共同の行為によつてその犯罪を遂行する場合である、とする学説であり、共同意思主体説は、共犯を解して、特殊の社会的心理現象たる共同意思主体の活動である、とする学説である。もつとも、一般には、以上のような三分説と異るところの二分説を採用し、客観的共犯論と主観的共犯論とを対立させ、又は犯罪共同説と行為共同説とを対比させて説明していることを、注意しなければならない。

右の共同意思主体説は、周知のごとく、草野教授の創唱にかかる学説であるが、教授は、昭和七年の論文『刑法改正草案と共犯の従属性』（草野、刑法改正上の重要問題・昭和二五年・二九七）において『惟ふに、共犯関係を以て、所謂行為共同説の如く、共犯者各自が、他人の行為を利用して自己の犯罪を行ふものであると解するに於ては、共犯の問題は、すべて、因果関係論を以て解決しうることになり、端的に言ふならば、終には共犯無用論に帰着せねばならぬことにならう。しかし、さればといつて、共犯論維持の意味からして、無条件に所謂犯罪共同説に加担することも出来ぬ。何となれば、犯罪共同説は余りに犯罪事実に執着して行為者と言ふことを閑却する嫌があるからである。されど、これを行為共同説の個人責任論的なるに比するならば、若干共同責任論的であると言ひ得よう。けれども、宮本教授の如く、犯罪共同説を解して共同意思主体論とせらるるに至つては、いささか言ひ過ぎであつて、当らざるものがあるのではあるまいか。私の見る所を以てするならば、此共同意思主体説こそ、共犯の従属性を解決する為に残された唯一の途ではなからうかとさへ考へられる』とせられ、はじめて、共同意思主体説を提唱されたのであつた。しかし、この見解に対しては、牧野博士が、まず、その『刑法改正案と共犯の独立性』(法協・昭和七年・五〇・八・四六)で異論を提起した外、『団体的共犯論と個人的共犯論』(法協・昭和一二年・五五・一〇・六三)、『教唆の未遂に関する学説と立法例』(研究・一一・一)、『刑法の三種の問題と新判例』(警研・昭和二四年・二〇・五・三)、『共謀共同正犯雑考』(法曹・昭和二五年・二・二・一)の諸論策で異論を展開したことであつた。また、滝川博士も、『通謀と共同正犯』(判批・昭和一二年・一・一八〇)、『謂ゆる共謀共同正犯』(判批・昭和一二年・二・一一七)と題する判例批評および『共謀共同正犯』(法曹・昭和二四年・一〇・一)において、共同意思主体説に向つて非難を加えたのであつた。そして、木村博士も、『教唆の未遂』(刑法の基本問題・昭和二三年・三三三)、『共謀による共同正犯』(警研・昭和二四年・二〇・一・一七)、『刑法的思惟の危機』(法曹・昭和二五年・二・三・一)、『共同正犯と教唆犯』(刑法・昭和二五年・一・二・四九)で、この説を批難しているのである。そこで、学説は、一般に、共同意思主体説を否定している、ということができよう(例えば、植田重正、共犯の基本問題・昭和二七年・一四八)。

これに対して、少数説ではあるが、共同意思主体説に賛同するものとしては、佐瀬博士(刑法大意第一分冊・昭和一二年・二三五)、小泉博士(刑法要論総論・昭和一六年・二二二)、植松教授(刑法学総論・昭和二八年・二二一)および私(刑法総則大意・昭和一七年・二三二)を数えることができよう。

二　さて、右の共同意思主体説においては、共犯というものを特殊な社会的心理的現象として理解する。すなわち、社会現象は、個人の単独の行為によつて生ずるばかりでなく、また、数人の共同の行為によつても生ずるのである。この共同現象は、経済学においては分業又は合同の関係として論ぜられ、民法商法においては法人又は組合の制度として規定せられている。そして、この現象を刑法上から観察するときは、共犯という観念が生ずるのである(草野豹一郎・刑法総則講義・昭和一〇年・一九三)。このことは、すでに、多くの学者から論ぜられているところであつて、例えば、牧野博士は『社会現象ハ個人ノ単独ナル行為ニ因リテ生スルノミナラス、又数人ノ共同ナル行為ニ因リテ生ス。此ノ共同現象ハ、経済学社会学ニ於テハ分業又ハ合同トシテ研究シ、民法商法ニ於テハ法人又ハ組合トシテ規定ス。而シテ、其ノ現象ヲ刑法ヨリ観察スルトキ、玆ニ共犯ノ観念ヲ生スルナリ』(日本刑法上巻・昭和一二年・四二一)としている。けだし、刑法上共犯規定の存在を必要とする所以は、二人以上の者が共同目的に向つて合一するところに、個人心理を離れた特殊の団体心理を生じ、よつて個人意思では企図しえないようなことをも敢て行うものであるからである(草野、刑法改正上の重要問題二六二)。例えば、一人では深夜に公園を横切りえない臆病な少年でも、二人ならば敢て行いうるようなのはこれを証して余りあるものがある。社会心理学者マク・ドウガルは、この点を説明して『多衆が共に考え、共に感じ、共に行動するときは、団体の各員の精神作用と行動とは、各員が孤立的一個人としてその境遇に直面したりしならんには仕遂げたりしなるべしと想像せられるそれとは著しく異りがちなものである』(McDougall, The group mind, 2nd ed. 1927, p. 21.)としている。この一個人として仕遂げたりしなるべしと想像せられるものと異りがちなもののあるところに、犯罪についていえば、その危険性と重大性とが存するのである(草野、刑法改正上の重要問題二六二)。しかし、そうであるからといつて、その共同者一同を一律に重く処罰しなければならないということはない。いな、場合によつては、共同で犯したという理由で、単独で犯した場合よりも、軽く処罰しなければならない場合があるし、重く処罰しなければならない場合がある。いま、これを現行刑法について考察するならば、単独で行えば一年以下の懲役にしかあたらない暴行罪(二〇八条)でも数人が共同でこれを行えば三年以下の懲役にあたることになり(暴力行為等処罰ニ関スル法律一条)、また、多衆が聚合してこれを行えば、騒擾罪(一〇六条)として、その首魁は一年以上十年以下の懲役にあたり、指揮又は卒先助勢した者は六月以上七年以下の懲役にあたり、附和随行者は五十円以下の罰金に該ることになるようなのは、右の特殊な社会的心理的現象を酌んで立法したものと解することによつてのみ良くこれを理解することができるのである（草野、刑法総則講義一九三）。

かくして、共同意思主体説の特色は、二人以上の異心別体である個人が、一定の犯罪を犯すという共同目的を実現するため、同心一体となるという点にこれを求めることができる（草野、刑法改正上の重要問題三一五）。すなわち、二人以上が共同して罪を犯したというためには、まず、一定の犯罪を実現しようとする共同目的が存在し、次に、その目的の下に二人以上が同心一体となり（共同意思主体の成立）、そして、その中の一人が犯罪の実行に着手することを要するのである（共同意思主体の活動）。何故なら、共同目的の存しないところに共同ということは存しえないばかりでなく、共同目的の下に一体となつただけでは、未だ共同意思主体の活動があつたということはできないと同時に（草野、刑法総則講義一九四）、共犯者の一人が共同意思の下にその一員として実行に出ずることによつて、その行為は共同意思主体全一体の行為として認識せられることになるからである。そして、その結果として、直接に、実行行為を分担した共謀者の行為は、直ちに、以つて、実行行為を分担しない他の共謀者の行為そのものとなるのである（草野、刑法改正上の重要問題二六五）。例えば、甲乙共謀してＡＢ二物を窃取するにあたり、甲はＡ物を窃取し、乙はＢ物を窃取したような場合に、甲は自分の実行に出でなかつたＢ物窃取の点につき、また、乙は自分の実行に出でなかつたＡ物窃取の点につき、その責任を負うことになる（草野、教唆の未遂と共謀に因る共同正犯・昭和二五年・法曹・二・一・三三参照）。このように、少くとも、その中の一人が犯罪の実行に着手することを要するとするのは、わが現行法のように、犯罪の実行に着手してその構成要件を充足した場合、すなわち、既遂を罰するのを原則とし（四三条）、未遂を罰するのは、これを各本条に定める場合に限り、さらに、予備、陰謀を罰するのを極度の例外とし、わずかに、放火(一一三条)、殺人(二〇一条)、強盗(二三七条)等五、六の場合に限り、しかも、その刑の著しく軽い法制の下では、理の当然といわなければならない。従つて、加担犯である教唆犯、従犯は正犯の成立をまつて成立するといわれていた共犯の従属性ということも、大いに意味のあることであり、さらに、進んでは、これを共謀による共同正犯にも認めなければならない(共同正犯の従属性の是認)ということになるのである(草野、刑法総則講義一九四)。もつとも、この点については、異論があるので、後段において詳述することにしよう。

以上のように、二人以上共同して罪を犯す場合を、一個の共同意思主体の活動として観るということになると、その責任の帰属を共同意思主体について論ずべきか、それとも、共同意思主体を構成する個人について論ずべきかが、ここに問題となる。責任の帰属を共同意思主体について論ずるということも一理ないわけではないが、元来、共犯における共同意思主体は犯罪を目的とする違法的一時的存在のものであるから、これに責任を認むるというわけにいかない。それ故、共犯における責任は、結局、これを共同意思主体を構成する個人、すなわち、共同者個人について論ずる外はないことになる。そして、共同現象を共同意思主体の活動と見ることと、責任の帰属を共同者個人について論ずることとが毫も矛盾するものでないことは、民法組合の理論から推して考えることができるであろう。いわんや、現行刑法の刑罰は、自然人を予定しているにおいておやである、ということになる(草野、刑法総則講義九五)。

三　共同正犯の従属性を肯定するか否かについては、前段で述べたごとく、争があるのであつて、主観的共犯論者および従来の構成要件論者はこれを否定するのである。

（一）　まず、主観的共犯論は、共犯を因果関係論における条件説の一適用として理解し、いやしくも行為と犯罪事実との間に因果関係の存する以上、その関係が直接又は重要なると間接又は軽微なるとを区別しない、とするものである。言いかえれば、共犯を以つて、通常の単独犯と毫も異るところはなく、ただ他人の犯罪行為を利用して行われる点が外形上の特色たるに過ぎないものであり、犯人の犯罪事実の全部又は一部が共犯たる犯罪の因果関係の一節として作用するにすぎない、とするのである。例えば、牧野博士は、一種の条件説を主張し、『因果関係ハ行為ト結果トノ関係上、社会カ行為ニ対シテ危険ヲ感スルカ否ニ因リテ之ヲ定ムヘシ』（牧野英一、日本刑法上巻二八三）とし、さらに、これを詳述して、『社会の通念といふことを根拠として条件主義を理解せむとするのに、わたくしの立場がある。それは、「危険関係説」として世に伝へられてゐる。危険関係説といふ名称は、わたくしの採つてゐるものではないが、世の人々が、わたくしの所説を目してしかく危険関係説と称すべきものだとするならば、わたくしとしては、敢て争ふほどのことはなからう。しかし、わたくしの考へは、本質において条件主義に属するのである。ただ、わたくしは、条件主義を理解するの方法として、因果関係を単に論理的なものとすることなく、これに更に社会心理的な要素を加へることが適当であらうと考へるのである』（牧野、研究八・四三六）としている。そして、この基礎の上に共犯論を展開し、博士の採用する『見解においては、教唆及び幇助は、正犯の実行行為を通じて犯罪の完成に影響を及ぼすものであり、その点において因果関係を具有するものである。さうして、教唆者又は幇助者の立場において考へるときは、それぞれ、その行為者の犯意がそれに依つて遂行的に表現してゐるものといはねばならぬので、教唆についていへば、教唆は、教唆者にとつて実行行為たるものであり、従つて、正犯の実行行為は、教唆者にとつては因果関係の経過たるに外ならぬものである』（牧野、刑法総論・昭和一五年・三五二）ということになる。

かくして、主観的共犯論は、学者も指摘するように、単独犯と共犯との間の区別、および共犯相互間の区別を否定することになり、結局、共犯規定不必要論にまで発展しなければならなくなるのである（宮本英脩、刑法学粋・昭和六年・三九二。なお、草野、刑法改正上の重要問題三一八、小泉英一、改訂刑法要論総論・昭和一八年・二四二、佐瀬昌三、刑法大意第一分冊・昭和一二年・二三六、滝川春雄、教唆と間接正犯・昭和二七年・「講座」三・四七一、拙著、刑法総論・昭和二八年・二〇〇参照）。そして、それは、もはや、解釈論ではなく、立法論であると言わなければならないのである（なお、最近、目的行為論の立場よりして、共同正犯の共犯性を否認するは、平場安治、刑法総論講義・昭和二七年・一五三）。

（二） 次に、共同正犯の従属性は、従来の構成要件論からも、否定せられる。滝川博士は、上段において引用した『刑法講義・改訂版』において『現行刑法においては、共同正犯も共犯として表示されて居る。しかし共同正犯は刑罰拡張原因に属さない。従つて固有の意味の共犯ではない』とした上、直ちに語をついで『（イ）客観的には、各共同者の行為が或る犯罪の構成要件に該当することが必要である。(a) 共同者各自の行為が構成要件に完全に該当する場合は勿論のこと、(b) 各共同者の行為が構成要件の一部分に該当する場合も、共同正犯である。（ロ）主観的には、何れの場合にせよ、共同者各自に総合的要素が備わつて居ることを必要とする。各共同者は、互に他人を助けつつ・補充しつつ、結果の発生に努力して居ることを意識せねばならない。共同正犯に関する規定（六〇条）は、この総合的要素を明かにするために設けられたのである。過失的行為はこの総合的要素を欠く。従つて過失犯の共同正犯は考えられない。多数人が過失によつて、構成要件に該当する結果を発生せしめた場合は、多数の過失犯として取り扱われる。（ハ）共同正犯は、処罰について個々独立の立場にある。(a)

共同正犯の各自は、他人の過剰行為の責任を負わない。(b) 一定の身分を有しないため、単独正犯者となり得ない者が、犯罪の実行に加わった場合に、如何なる取扱を受けるかという問題は、間接正犯における同様の問題と同一に解すべきである。尤も共同正犯については、この点につき特に規定がある（六五条一項）。（ニ）或る種の犯罪の共同正犯は、刑罰加重原因である。例えば九八条』（滝川幸辰、刑法講義改訂版・昭和五年・一六〇、同趣旨、滝川幸辰、改訂犯罪論序説・昭和二七年・二二八、滝川春雄、刑法総論講義・昭和二七年・一八六）としている。

しかし、共犯を刑罰拡張原因として理解することは、近時、二種の立場から否定せられている（拙稿、構成要件論と共犯論・刑法四・一・四二参照）。その第一は、エー・シュミット、メッガー等の『拡張的正犯論』であり、共犯を刑罰拡張原因としないどころか、逆に、これを刑罰縮小原因と解するものである。このメッガーによれば、共同正犯の従属性は是認されるのであって、『従属性とは、正犯（刑法四七条）、教唆犯（刑法四八条）及び幇助犯（刑法四九条）が、他の正犯に依存することを意味する』（Mezger, Strafrecht, I. Allgemeiner Teil, 3. Aufl., 1951, S. 185）と説かれ、あるいは『共同正犯、教唆犯、幇助犯という——あらゆる形式の共犯は、従属的である、いいかえれば、完全な答責性ある正犯者としての他人の可罰性に依存する』（Mezger, Strafrecht, Ein Lehrbuch, 3. Aufl., 1949, S. 446）とされている。

その第二は、『拡張的共犯論』であって、いわゆる制限された従属形式を認め、共犯の成立には正犯者の有責性は必要でなく、共犯は、正犯者の単純な違法行為に従属して成立すると説く学説である。わが国においてこれに賛するものとしては、小野博士、佐伯博士をあげることができる。そして、両博士は、共に、共犯を刑罰拡張原因とすることなく、構成要件の修正形式（小野博士）あるいは方法的類型（佐伯博士）として把握し、共同正犯も教唆犯・幇助犯と共に共犯であると解し、従って、共同正犯もまた構成要件の修正形式あるいは方法的類型に属するものであるとする。しかし、共同正犯の従属性を認めるか否かについては、両者は必ずしも意見を同じくしていない。すなわち、佐伯博士は、共同正犯の従属性と教唆犯・幇助犯の従属性とでは異るものがあるとし、説いていう『共犯の従属性は専ら教唆・従犯について問題となるのであるが、共同正犯についても時に従属性が云々せられることがある。それによれば、共同正犯にあつては各加担者は「共同して犯罪を実行する」ことを要し、この点において自らは実行をなさざる教唆・従犯と異なる。しかしそれにあつても、各加担者の行為を単独に見ればいずれも犯罪類型の完全な実現ではなく、唯他人の行為との共同という契機があることによつて、始めて、発生した犯罪事実の全体につき責任を負うことになるのだから、その意味でなお従属性を有するとされるのである。しかしそれと右の教唆、従犯の従属性とは全く意味を異にしているから、両者混同しないように注意すべきである』と（刑法総論一七九）。これに反し、小野博士は、かつて、『共犯の従属性とは、共犯の中特に教唆犯及び幇助犯の可罰性が其の被教唆者又は被幇助者の実行行為又は其の可罰性に従属するかしないかの問題である。換言すれば、被教唆者又被幇助者が実行をした場合又は処罰された場合でなければ、教唆犯又は幇助犯は処罰されることがないかどうかの問題である』（刑法講義総論一九八）としたが、現在では『共同正犯についても従属性といふことが考へられないことはない』（概論二七四）としている（団藤重光、刑法一四五参照）。

（三）終りに、共同正犯の従属性は、共同意思主体説によつて是認せられる。すなわち、この説は、共犯の共犯たる所以を、二人以上の異心別体たる個人が、一定の犯罪を犯すという共同目的を実現するため、同心一体となるの点に求めるのであつて、共同正犯の従属性ということを認めるのは、けだし、理の当然だとしなければならない。もつとも、同じく、共同意思主体説を採りながら三種の見解があることを注意しよう。その一は、草野教授の主張せられるところであつて、共犯成立上の連帯性・共犯処罰上の連帯性ということを説き、教唆犯・幇助犯のみならず、共同正犯についても連帯性を認むべしとの学説である。その二は、小泉博士の採られるところであつて、共犯成立上の依存性・処罰上の独立性ということを論じ、共同正犯にもこれを肯定すべしとなす見解である。その三は、私の提案であつて、共犯成立上の一体性・共犯処罰上の個別性ということを主張し、教唆犯・幇助犯はもちろん、共同正犯についてもこのことを是認すべきであるとするものである（拙稿、教唆犯と幇助犯の（四）の教唆犯の従属性の説明参照）。

二　判例の変遷

右の共同意思主体説に、明らかに、依拠したと考えられるものは、次の昭和一一年五月二八日の第一第二第三第四刑事連合部判決である。

【1】　「凡ソ共同正犯ノ本質ハ二人以上ノ者一心同体ノ如ク互ニ相倚リ相援ケテ各自ノ犯意ヲ共同的ニ実現シ以テ特定ノ犯罪ヲ実行スルニ在リ共同者カ皆既成ノ事実ニ対シ全責任ヲ負担セサルヘカラサル理由茲ニ存ス若シ夫レ共同実現ノ手段ニ至リテハ必スシモ一律ニ非ス或ハ倶ニ手ヲ下シテ犯意ヲ遂行スルコトアリ或ハ又共ニ謀議ヲ凝シタル上其ノ一部ノ者ニ於テ之カ遂行ノ衝ニ当ルコトアリ其ノ態様同シカラスト雖二者均シク協心協力ノ作用タルニ於テ其ノ価値異ルトコロナシ従テ其ノ孰レノ場合ニ於テモ共同正犯ノ関係ヲ認ムヘキヲ以テ原則ナリトス但各本条ノ特別ノ規定ニ依リ之ト異リタル解釈ヲ下スヘキ場合ノ存スルハ言ヲ須タサルトコロナリ而シテ窃盗罪並強盗罪ノ共同正犯関係ハ殺人傷害及放火等ノ罪ニ於ケルト同シク上敍原則ニ従フヘキモノニシテ之カ例外ヲ為スヘキ特質ヲ存スルモノニ非ス即チ二人以上ノ者窃盗又ハ強盗ノ罪ヲ犯サンコトヲ謀議シ其ノ中或者ニ於テ之ヲ実行シタルトキハ爾余ノ者亦由テ以テ自己ノ犯意ヲ実現シタルモノトシテ共同正犯タルノ

責ヲ負フヘキモノト解セサルヘカラス」（大刑集一五・七三三）。

この共同意思主体説を採る判例の立場は、後述するように、戦後、最高裁判所が創立されたのちにおいても維持せられ現在にいたつている。そこで、旧法時を第一期とし、現行法下右判例までを第二期とし、また、右判例以後についても、大審院時代を第三期、最高裁判所時代を第四期とし、全期を四分して、以下、判例変遷のあとを叙述することにしよう。

一　第一期の共同正犯に関する判例においても、すでに、共謀共同正犯ということが是認せられていた。すなわち、明治一三年の旧刑法一〇四条は『二人以上現ニ罪ヲ犯シタル者ハ皆正犯ト為シ各自ニ共刑ヲ科ス』と規定していた。その『現ニ』という語が犯時犯所に現在していたという意味にとれるのであるが、当時、大審院は、共謀による共同正犯という観念を創案し、いやしくも、犯罪を共謀した者は、その実行に出でない場合でも、正犯としての責任を負わなければならないものとした。次の明治二九年三月三日大審院第一刑事部判決が、この趣旨の判決の鼻祖と目すべきもののようである。

【2】「共ニ謀リテ事ヲ行フ以上ハ何人カ局ニ当ルモ其行為ハ共謀者一躰ノ行為ニ外ナラス」（明治二九・三・三・一刑、大刑録二・三・一〇）。

同趣旨のものに、明治三五年六月一〇日第一刑事部判決（大刑録八・六・六六）、明治三〇年五月六日第一刑事部判決（大刑録三・五・七）、明治三二年六月一日第一刑事部判決（大刑録五・六・一）、明治四一年三月三一日第一刑事部判決（大刑録一四・三四三）を数えることができよう。

二　第二期の共同正犯に関する判例は、或る種の犯罪については、いわゆる共謀共同正犯を認め、或る種のものにはこれを認めなかつた。すなわち、まず、犯罪を知能的犯罪と非知能的犯罪とに二分し、非知能的犯罪（実力犯）、例えば、窃盗罪のごときについては、少くとも実行行為又は密接且つ必要な行為に加担すること（身体的加功）を必要とした。例えば、大正三年六月一九日第一刑事部判決は次のごとく説いている。

【3】「被告ノ行為ハ止タ窃盗罪ノ実行ヲ謀議シタルニ過キス果シテ其実行行為若クハ之ニ密接且必要ナル行為ニ加担シタル事実ニ該当スルヤ否ヤヲ確認スルニ足ラサルニ拘ラス原判決カ輙ク被告ノ行為ヲ以テ窃盗ノ実行犯ニ問疑シタルハ理由不備ノ違法アルモノニシテ本論旨ハ理由アリ」（大刑録二〇・一二六〇）。

これに反して、知能的犯罪、例えば、恐喝罪のごときについては、その構成要件に該当する行為に対し身体的加功を要する場合よりは、精神的加功を要する場合の方が甚だ多いという理由から、身体的加功を要しないと解した。例えば、明治四四年一〇月六日第一刑事部判決は次のごとく説いている。

【4】「数人共謀シテ犯罪ヲ遂行スル為メ其方法ヲ画策シタル末共謀者中ノ一人ヲシテ之カ実行ノ任ニ当ラシメタルトキハ其担任者ハ共同ノ犯意ニ基キテ自己及ヒ他ノ共謀者ノ為メニ犯罪ノ実行ヲ為シタルモノニシテ他ノ共謀者ハ右一人ヲ使役シ以テ自己ノ犯意ヲ遂行シタルモノト謂フヘキヲ以テ刑法第六十条ニ所謂二人以上共同シテ犯罪ヲ実行シタルモノニ該当シ単ニ他人ヲ教唆シテ犯意ヲ生セシメ且犯罪ヲ実行スルニ至ラシメタル場合トハ共同ノ犯意及ヒ之ニ基因スル手段実行ノ有無ニ関スル相違アルコト言ヲ俟タス」（大刑録一七・一六二二）。

同趣旨の判例に、明治四三年五月一九日第二刑事部判決（大刑録一六・八八六）、大正四年三月二日第一刑事部判決（大刑録二一・二二二）、大正四年六月二五日第一刑事部判決（大刑録二一・九〇七）、大正四年七月二三日第一刑事部判決（大刑録二一・一〇八三）、大正四年一一月一日第二刑事部判決（大刑録二一・一八二二）、大正一一年四月一八日第一刑事部判決（大刑集一・二三三、飯塚敏夫、恐喝の共謀と共同正犯・昭和八年・法律学研究三〇・二・一六）、大正一一年一〇月二七日第一刑事部判決（大刑集一・五九七）、大正一一年一二月一三日

第三刑事部判決（大刑集一・七五七）、大正一二年一一月一五日第二刑事部判決（大刑集二・七九七）、大正一三年二月五日第一刑事部判決（大刑集三・五五）、昭和五年一二月二三日第一刑事部判決（大刑集九・九三九）がある。

ところが、共謀共同正犯の観念は、さらに、拡張せられることになつた。すなわち、知能的犯罪のみならず、或る種の非知能的犯罪（実力犯）にも共謀共同正犯の観念が是認せられることになつた。例えば、昭和六年一一月九日第二刑事部判決のごときがこれである。

【5】「数人カ共同シテ犯罪ヲ遂行スルノ意思ヲ以テ相謀リテ実行行為ノ担当者ヲ定メ因テ犯罪ヲ遂行シタルトキハ自ラ実行ノ衝ニ当ラサル者モ倘担当者ノ行為ニ依リテ犯罪ヲ実行シタル者ト謂フヘキヲ以テ共謀者ハ総テ共同正犯タルヘキモノトス」（大刑集一〇・五七四）。

同趣旨のものとしては、昭和八年二月二四日第四刑事部判決（大刑集一二・九二）、昭和八年一一月一三日第一刑事部判決（大刑集一二・一九九七、宮本英脩、共犯における謀議・昭和一〇年・法叢三二・六・一二八、滝川幸辰、判批一・一八〇）、昭和八年一一月二〇日第二刑事部判決（大刑集一二・二〇五四）、昭和九年一二月二二日第三刑事部判決（大刑集一三・一七九七）、昭和一〇年一二月三日第四刑事部判決（大刑集一四・一二五五）を数えることができる。

なお、この期間、すなわち、右に引用した昭和六年一一月九日第三刑事部判決乃至昭和一一年五月二八日の刑事連合部判決までの期間に、従前と同じように、知能的犯罪につき、共謀共同正犯を是認した判例には、昭和八年五月二九日第二刑事部判決（大刑集一二・六二三）、昭和九年三月二六日第二刑事部判決（大刑集一三・四一九）、昭和一〇年七月四日第一刑事部判決（大刑集一四・七五三）、昭和一〇年七月一〇日第三刑事部判決（大刑集一四・七九九）、昭和一〇年一二月一〇日第四刑事部判決（大刑集一四・一二五九）を挙げることができる。

三　第三期は、共謀共同正犯に関する判例が確立した上掲【1】の昭和一一年五月二八日第一第二第三第四刑事連合部判決以降、最高裁判所の設立せられるまでであるが、右判例と同趣旨のものに、昭和一一年六月一八日第二刑事部判決がある。

【6】「被告人等四人カ順次二人宛共謀シタル場合ニ於テハ其ノ一人ハ他ノ一人ヲ通シテ順次通謀シ結局四人共謀シタルモノト謂フヘク即被告人等ハ共謀シテ甲ヲシテ実行ノ任ニ当ラシメ因テ共同ノ犯意ヲ実行シタルモノト為スヘキヲ以テ原判決カ被告人等四人ヲ総テ恐喝罪ノ共同正犯トシテ処断シタルハ正当ニシテ所論ノ如ク擬律錯誤又ハ理由齟齬ノ違法アルモノト謂フヘカラス論旨ハ孰レモ理由ナシ」（大刑集一五・八一二、滝川幸辰、判批二・一一七）。

その他、昭和一一年八月六日第一刑事部判決（大刑集一五・一一六三、吉田常次郎、刑法第一五六条の文書偽造と共同正犯の成立・昭和一二年・新報四七・三・四七七）、昭和一一年九月一七日第二刑事部判決（大刑集一五・一二三〇・滝川幸辰・判批二・一一七）、昭和一二年三月五日第四刑事部判決（大刑集一六・二五四）、昭和一二年一一月九日第三刑事部判決（大刑集一六・一五四五）、昭和一二年一二月四日第五刑事部判決（大刑集一六・一五六七）、昭和一三年一〇月二七日第二刑事部 判決（大刑集一七・七八三、登石登、刑釈一・三七五）がある。

四　第四期は、最高裁判所設立以降であつて、上述した旧大審院の判例が踏襲され、共謀共同正犯を是認する判例が、数多く示された。まず、昭和二三年一月一五日第一小法廷判決は次のごとく説いている。

【7】「凡そ共同正犯者が共同正犯者として処罰せられる所以のものは、共犯者が、共同意思の下に一体となつて、互に他人の行為を利用して自己の意思を実行に移す点にあるのであるから、苟も判文上共謀の事実を明確にさえすれば、共犯者の何人が実行行為の際、その如何なる部分を分担したかは、これを特に明示しなくとも、罪となるべき事実の判示として、間然するところはない。」（最刑集二一・八、植松正、強盗共同正犯の判示方法・昭和二四年・新報五六・七五一六、団藤重光・平野竜一、数人が共同して強盗罪を犯した場合・昭和二四年・判究二・一・一一三、小野清一郎、刑釈八・三、牧野英一・研究一四・二五三）。

この判決は、【1】の昭和一一年五月二八日の判決とともに、共同意思主体説を認め た代表的なも

のとせられている（小野博士他三氏、刑法・昭和二七年版・註釈書一一七）が同趣旨の判例で、最高裁刑事判例集に登載せられているものには、昭和二三年三月一三日第二小法廷判決（最刑集二・三・二一一、団藤重光・福田平、数人共同による強盗罪の判示方法・昭和二四年・判究二・二・六五、伊達秋雄・刑釈八・一二六、牧野英一・研究一四・二五三）、昭和二三年三月一六日第三小法廷判決（最刑集二・三・二二〇、団藤重光・高田卓爾・屋外の見張りと窃盗の共同正犯・昭和二四年・判究二・二・七〇、団藤重光・刑釈八・一三二、牧野英一・研究一四・二五三）、昭和二三年四月一七日第二小法廷判決（最刑集二・四・三八四、平野竜一・結果的加重犯の共同正犯・昭和二四年・判究二・二・一六三、中野次雄・刑釈八・二二六）、昭和二三年五月一日第二小法廷判決（最刑集二・五・四三五、中野次雄、窃盗の意思で強盗の見張をした者の責任・昭和二四・警研二〇・一〇・四九、平野竜一・刑釈八・二六二、松本重美・共犯と錯誤・昭和二六年・名城二・二・二〇）、昭和二三年五月八日第二小法廷判決（最刑集二・五・四七八、小野清一郎・刑釈八・二九七、平野竜一・暴行の共謀と共同正犯・昭和二四年・判究二・三・五五、牧野英一・研究一四・二五三）、昭和二三年五月二五日第二小法廷判決（最刑集二・五・五〇七、団藤重光・北本武男、屋外の見張と強盗の共同正犯・昭和二四年・判究二・三・七二、平出禾・刑釈八・三一一、牧野英一・研究一四・二五三）、昭和二三年六月二二日第三小法廷判決（最刑集二・七・七一一、団藤重光・北村武男、強盗犯人が他人を脅迫しているときその傍に佇立していた共犯者の責任・昭和二五年・判究二・四・一〇五、大塚仁・刑釈九・六八、牧野英一・研究一四・二五三）、昭和二三年七月二〇日第三小法廷判決（最刑集二・八・九七九、団藤重光・刑釈九・二二三、伊達秋雄・刑釈九・二二九）、昭和二三年七月二二日第一小法廷判決（最刑集二・九・九九五、伊達秋雄・刑釈九・二三四、福田平・日本刀を携帯して強盗することを共謀して見張をした者の日本刀不法所持についての責任・昭和二五年・判究二・六・三九、牧野英一・研究一四・二五三）、昭和二三年一〇月六日大法廷判決（最刑集二・一一・一二六七・北本武男・刑釈一〇・三）、昭和二三年一一月四日第一小法廷判決（最刑集二・一二・一四五二、北本武男・刑釈一〇・九八）、昭和二三年一一月一〇日大法廷判決（最刑集二・一二・一五一二、植松正・共同正犯の判示方法・昭和二六年・警研二二・一・九〇）、昭和二三年一二月一四日第三小法廷判決（最刑集二・一三・一七五一、小野慶二・刑釈一〇・二二八、香川達夫・共同正犯と事前の打合せ・昭和二六年・判究二・八・三七）、昭和二四年二月八日第二小法廷判決（最刑集三・二・一一三）、昭和二四年二月二二日第二小法廷判決（最刑集三・二・一九三）、昭和二四年七月一二日第三小法廷判決（最刑集三・八・一二三七、伊達秋雄・数名共謀による強姦致傷罪と共犯者の一人の犯行中止・昭和二七年・警研二三・七・六二）、昭和二五年二月一六日第一小法廷判決（最刑集四・二・一八四）、昭和二五年四月二〇日第一小法廷判決（最刑集四・四・六〇二）昭和二五年六月六日第三小法廷判決（最刑集四・六・九五〇）、昭和二五年六月二七日第三小法廷判決（最刑集四・六・一〇九六）、昭和二五年八月九日第二小法廷判決（最刑集四・六・一五六六）、昭和二五年一〇月二六日第一小法廷判決（最刑集四・八・二一八五）、昭和二六年三月二七日第三小法廷判決（最刑集五・四・六八七）、昭和二六年九月二八日第二小法廷判決（最刑集五・一〇・一九八七）、昭和二八年一月二三日第二小法廷判決（最刑集七・一・三〇、植田重正・過失犯と共同正犯・昭和二九年、関法三・三・一一四、拙稿、過失犯の共同正犯・昭和二九年・法曹六・二一・平場安治・過失共同正犯・昭和二八年・論叢五九・三・一一五）などがある。

また、同趣旨の判例で、最高裁判所刑事判決特報に登載されている主要なものには、昭和二四年一二月二一日大法廷判決（最特報二三・九六）、昭和二五年四月一一日第三小法廷判決（最特報二七・二五）、昭和二五年四月一一日第三小法廷判決（最特報二七・三九）、昭和二五年五月一二日第二小法廷判決（最特報二八・三四）、昭和二五年五月一六日第三小法廷判決（最特報二八・五八）、昭和二五年五月二五日第一小法廷判決（最特報二八・一〇六）がある。

さらに、また、同趣旨の判例で、高等裁判所判例集に登載されている主要なものには、昭和二三年五月三一日広島高裁第三刑事部判決（高刑集一・二・一六六）、昭和二四年一二月二二日東京高裁第一二刑事部判決（高刑集二・三・三一八）、昭和二五年三月四日東京高裁第一二刑事部判決（高刑集三・一・六九）、昭和二五年九月一四日東京高裁第一二刑事部判決（高刑集三・三・四〇七）がある。

そして、さらに、また、同趣旨の判例で、高等裁判所刑事判決特報に登載されている主要なものには、昭和二四年六月一五日福岡高裁判決（高特報一・三九）、昭和二四年七月二五日名古屋高裁刑事第三部判決（高特報一・六八）、昭和二四年九月一七日福岡高裁判決（高特報一・一二八）、昭和二四年九月二四日東京高裁第一二刑事部判決（高特報一・一三九）、昭和二四年一〇月一四日大阪高裁第七刑事部判決（高特報一・二一四）、昭和二四年一〇月二六日大阪高裁第七刑事部判決（高特報二・二六）、昭和二四年一一月一一日大阪高裁第七刑事部判決（高特報三・一）、昭和二四年一一月二五日名古屋高裁刑事第三部判決（高特報六・七九）、昭和二四年一二月一九日名古屋高裁刑事第一部判決（高特報三・四八）、昭和二四年一二月二一日広島高裁松江支部判決（高特報三・五〇）、昭和二四年一二月二一日東京高裁第一二刑事部判決（高特報一六・二二）、昭和二四年一二月二六日福岡高裁判決（高特報三・五二）、昭和二五年二月六日広島高裁第四部判決（高特報六・一五）、昭和二五年三月四日東京高裁第一二刑事部判決（高特報六・三三）、昭和二五年三月六日仙台高裁秋田支部判決（高特報七・八五）、昭和二五年五月二三日東京高裁第一二刑事部判決（高特報九・一三）などがある。

三　判例による構成

一　学説の強い反対にもかかわらず、判例は、旧法以来、共謀共同正犯、すなわち、数人が共謀して犯罪を実行した場合に、実行に出なかつた者も、正犯として処罰せられる、という理論を是認して、今日にいたつている。この理論を採用した画期的な判決は、【1】の昭和一一年五月二八日第一第二第三第四刑事連合部判決であり、そして、この理論が最高裁判所によつて踏襲せられたものが、【7】の昭和二三年一月一五日第一小法廷判決などであることについては、すでに、前段においてこれを説いた。また、これ等と同趣旨の判決の若干も、また、これを引用しておいた。然らば、共同意思主体説を根柢とするこれ等の判例による共謀共同正犯の構成はどのようなものであろうか。

二　まず、共謀共同正犯の要件を分説すれば、次のごとくである。

（一）　第一に、共謀の存することを要する。もつとも、判例は、或いは共謀とし、或いは意思の連絡としているが、ともに、共同犯行の認識をいうものとする。すなわち、判例のうち、共謀を共同犯行の認識とするものに、左記がある。

【8】　「按ずるに共謀とは数人相互の間に共同犯行の認識があることを云うのであつて単に他人の犯行を認識しているだけでその者が共謀者であると言うことのできないことは所論のとおりである。そして論旨は原判

決挙示の証拠によつては被告人が相被告人等の犯行を知つていた事実は認められるが未だ彼等との間に犯行につき共謀があつた事実は認められないと主張するのである。しかし原判決挙示の証拠を綜合すると被告人は相被告人甲等において強盗に行くことを知りながら同行したのみならず被害者宅の近くに行つたときに相被告人等は強盗に押入るため覆面はするし又日本刀を持つており右甲が自分と乙が切れ物を持つているから脅かし役を遣る丙と丁は座敷に上つて金を探せ、被告人は表で見張つておれと言い、被告人がこれを承諾したことが認められるのである。してみると被告人は単に他人の犯行を認識していたに止まらず強盗の犯行の一部として見張の役をすることを承諾したものといえるのであるから被告人は右承諾のときに相被告人等との間に共同犯行の認識即ち共謀があつたものと認めることができるのである。」（昭二四・二・八、二小廷、最刑・三・二・一一三）。

同趣旨のものに、昭和二五年五月一六日第三小法廷判決（最特報二八・五八）がある。

右と異り、判例で意思の連絡を以つて共同犯行の認識なりとするものに、左記がある。

【9】「刑法第六十条ニ二人以上共同シテ犯罪ヲ実行シタル者ハ皆正犯トスト規定シ行為者各自ノ犯罪要素ノ一部ヲ実行スルニ拘ラス其ノ実行部分ニ応シテ責任ヲ負担スルコトナク各自犯罪全部ノ責任ヲ負フ所以ハ共同正犯カ単独正犯ト異リ行為者相互間ニ意思ノ連絡即チ共同犯行ノ認識アリテ互ニ他ノ一方ノ行為ヲ利用シ全員協力シテ犯罪事実ヲ発現セシムルニ由ル然ルニ若シ行為者間ニ意思ノ連絡ヲ欠カンカ従令其ノ一人カ他ノ者ト共同犯行ノ意思ヲ以テ其ノ犯罪ニ参加シタリトスルモ全員ノ協力ニ因リテ犯罪事実ヲ実行シタルモノト謂フヲ得サルカ故ニ共同正犯ノ成立ヲ認ムルヲ得サルモノトス故ニ共同正犯トシテ問擬スルニハ判文中行為者相互ノ間ニ意思ノ連絡アリタルコトヲ認ムルニ足ルヘキ事実理由ノ明示ナカルヘカラス」（大一一・二・二五、二刑、大刑集一・七九、宮本英脩、共同正犯の主観的要素大正一二年・法叢九・二・一〇二）。

以上のごとく、前者、すなわち、【8】の昭和二四年二月八日の判例に従えば、共謀は共同犯行の認識であり、後者、すなわち、【9】の大正一一年二月二五日の判例に従えば、意思の連絡すなわち共同犯行の認識であるから、共謀は、判例の見解に従えば、とりもなおさず、意思の連絡である、ということになる。

現に、共謀ということを意思連絡の意味に用いたものがある。

【10】「原判決の事実摘示を挙示の証拠（中略）と対照してこれを読めば、原判示に「同人等と犯意を通じ」とあるのは、所論のごとく被告人が一方的に他の者に犯意を通じたという趣旨ではなく、他の共謀者四名と互に意思を通じた趣旨であることを窺い知ることができる。されば、原判決の判示は、共謀すなわち共謀者相互間に意思連絡のあつた判示として欠くるところないものといわなければならない。」（昭和二五・五・二五、一小廷、最特報二八・一〇四）。

同趣旨のものに昭和二三年五月三一日広島高裁第三刑事部判決（高刑集一・二・一六六）がある。

(1) ここで、共謀ということを共同正犯の要件とする判例発展のあとを、例によって、四期に分ち考察することにしよう。

（イ）第一期、すなわち、旧法下の判例で共謀ということを説くものに前記【2】の明治二九年三月三日第一刑事部の判決がある。これと同趣旨のものに、明治三〇年五月六日第一刑事部判決（大刑録三・五・七）、明治三五年六月一〇日第一刑事部判決（大刑録八・六・六六）、明治四一年三月三一日第一刑事部判決（大刑録一四・三四三）などがある。

（ロ）第二期、すなわち、現行法下昭和一一年までの判例で、共謀ということを共同正犯の要件とするものに左記がある。

【11】「二人共謀シ一体トナリテ賭博ノ犯行ヲ為ス以上ハタトヒ直接ニ実行ノ局ニ当ル者ハ共謀者中ノ一人ナリトスルモ其犯行ハ共謀者全員ノ意思ヲ実行シタルモノニシテ此場合ニ直接ニ実行ノ局ニ当ラサル一人ハ他

一人ヲ使用シテ自己ノ意思ヲ実行シタルモノニ外ナラス故ニ共謀者全員ハ何レモ実行正犯トシテ共罪責ニ任スヘキモノトス」（大正四・一一・一二刑、大刑録二一・一八二七）。

同趣旨のものに、明治四二年六月八日第一刑事部判決（大刑録一五・七二八）、明治四三年五月一九日第二刑事部判決（大刑録一六・八八六）、明治四三年一一月一日第一刑事部判決（大刑録一六・一八〇八）、明治四四年一〇月六日第一刑事部判決（大刑録一七・一六一八）、明治四四年一一月二〇日第二刑事部判決（大刑録一七・二〇一四）、大正二年二月二七日第二刑事部判決（大刑録一九・二六六）、大正三年六月一七日第三刑事部判決（大刑録二〇・一二一八）、大正四年六月二五日第一刑事部判決（大刑録二一・九〇七）、大正四年七月二三日第一刑事部判決（大刑録二一・一〇八三）、大正五年九月二八日第二刑事部判決（大刑録二二・一四五九）、大正五年一一月一七日第一刑事部判決（大刑録二二・一七九一）、大正五年一一月二五日第三刑事部判決（大刑録二二・一七九六）、大正八年二月二七日第二刑事部判決（大刑録二五・二六一）、大正一一年四月一八日第一刑事部判決（大刑集一・二三三、飯塚敏夫、強喝の共謀と共同正犯・昭和八年・法律学研究三〇・二・一六）、大正一一年一〇月二七日第一刑事部判決（大刑集一・五九三、宮本英脩・強窃盗の見張と共同正犯・大正一二年・法叢一一・四・一九）、大正一一年一〇月二七日第一刑事部判決（大刑集一・五九七）、大正一二年一一月一五日第二刑事部判決（大刑集二・七九七）、大正一三年二月五日第一刑事部判決（大刑集三・五五）、昭和四年四月三〇日第一刑事部判決（大刑集八・二〇七）、昭和四年一〇月二八日第二刑事部判決（大刑集八・五二八）、昭和五年一二月二三日第一刑事部判決（大刑集九・九三九）、昭和六年一一月九日第二刑事部判決（大刑集一〇・五六八、飯塚敏夫、放火共謀者と共同正犯・昭和八年・法律学研究三〇・二・三七）、昭和七年四月二八日第一刑事部判決（大刑集一一・五〇四）、昭和七年五月一一日第三刑事部判決（大刑集一一・六一四）、昭和七年一一月一七日第二刑事部判決（大刑集一一・一五八四）、昭和八年四月一三日第三刑事部判決（大刑集一二・四二七）、昭和八年五月二九日第二刑事部判決（大刑集一二・六二三）、昭和八年九月二九日第四刑事部判決（大刑集一二・一六八三）、昭和八年一一月一日第三刑事部判決（大刑集一二・一八六三）、昭和八年一一月一三日第一刑事部判決（大刑集一二・一九九七）、昭和八年一一月二〇日第二刑事部判決（大刑集一二・二〇五四）、昭和八年一一月二〇日第二刑事部判決（大刑集一二・二〇六五）、昭和九年三月二六日第二刑事部判決（大刑集一三・四一九）、昭和九年一二月二二日第三刑事部判決（大刑集一三・一七九七、常盤敏太・刑法二〇七条の適用・昭和一〇年・志林三七・八・一〇六五）、昭和一〇年六月二五日第四刑事部判決（大刑集一四・七三二）、昭和一〇年七月四日第一刑事部判決（大刑集一四・七五三）、昭和一〇年七月一〇日第三刑事部判決（大刑集一四・七九九）、昭和一〇年一〇月二五日第四刑事部判決（大刑集一四・一四〇五）、昭和一〇年一二月三日第四刑事部判決（大刑集一四・一二五五）、昭和一〇年一二月一〇日第四刑事部判決（大刑集一四・一二五九）などがある。

（ハ）　第三期、すなわち、昭和一一年以後、最高裁判所創設までの判例で、共謀ということを共同正犯の要件とするものに、左記がある。

【12】「両名共謀ノ結果該文書ヲ偽造シタル以上縦令被告人ニ於テ現実其ノ作成行為ノ内容ニ加功セサリシトスルモ尚共同正犯トシテ偽造ノ責任ヲ負担スヘキモノナルコト当然ニシテ徒ニ独自ノ見解ニ立脚シ之ヲ論難攻撃スルヲ許サス論旨理由ナシ」（昭和一一・八・六・一刑、大刑集一五・一一六九、吉田常次郎・刑法第一五六条の文書偽造と共同正犯の成立・昭和一二年・新報四七・三・四七七）。

同趣旨のものに、昭和一二年一一月九日第三刑事部判決（大刑集一六・一五四五、吉田常次郎・同時に自己の刑事被告事件にも関係ある証憑の湮滅・昭和一三年・新報四八・八・一三八〇）などがある。

（ニ）　第四期、すなわち、最高裁判所創立以降の判例で、共謀ということを共同正犯の要件とするものに、左記がある。

【13】「数人が強盗の罪を犯すことを共謀して各自がその実行行為の一部を分担した場合においては、その各自の分担した実行行為は、それぞれ共謀者全員の犯行意思を遂行したものであり、又各共謀者は他の者により自己の犯行意思を遂行したものであるから、共謀者全員は何れも強盗の実行正犯としてその責任を負うべきものである。そして、強盗共謀者中の一人又は数人の分担した暴行行為により殺人の結果を生じたときは、他の共謀者もまた殺人の結果につきその責任を負うべきものである。」（昭和二三・一一・四、最刑集二・一二・一四五二・批評前掲）。

同趣旨のものに、昭和二三年一月一五日第一小法廷判決(最刑集二・一・一四、批評前掲)、昭和二三年三月一三日第二小法廷判決(最刑集二・三・二一一、批評前掲)、昭和二三年三月一六日第三小法廷判決(最刑集二・三・二二〇、批評前掲)、昭和二三年四月一七日第二小法廷判決(最刑集二・四・三八四、批評前掲)、昭和二三年五月二五日第二小法廷判決(最刑集二・五・五〇七、批評前掲)、昭和二三年七月二二日第一小法廷判決(最刑集二・九・九九五、批評前掲)、昭和二三年一一月一〇日大法廷判決(最刑集二・一二・一五一二、批評前掲)、昭和二四年二月八日第二小法廷判決(最刑集三・二・一一三)、昭和二四年二月二二日第二小法廷判決(最刑集三・二・一九三)、昭和二四年三月二二日第三小法廷判決(最刑集三・三・三三三)、昭和二四年七月一二日第三小法廷判決(最刑集三・八・一二三七、批評前掲)、昭和二五年二月一六日第一小法廷判決(最刑集四・二・一八四)、昭和二五年四月一一日第三小法廷判決(最特報二七・二五)、昭和二五年四月一一日第三小法廷判決(最特報二七・三八)、昭和二五年四月二〇日第一小法廷判決(最刑集四・四・六〇二)、昭和二五年五月一一日第一小法廷判決(最特報二八・二七)、昭和二五年五月一二日第二小法廷判決(最特報二八・三四)、昭和二五年六月六日第三小法廷判決(最刑集四・六・九五〇)、昭和二五年六月二七日第三小法廷判決(最刑集四・六・一〇九六)、昭和二五年八月九日第二小法廷判決(最刑集四・八・一五六二)、昭和二五年一〇月二六日第一小法廷判決(最刑集四・一〇・二一八五)、昭和二六年三月二七日第三小法廷判決(最刑集五・四・六八六)がある。なお、高等裁判所の同趣旨の判例としては、昭和二四年七月二五日名古屋高裁刑事第三部判決(高特報一・六八)、昭和二四年九月二四日東京高裁第一二刑事部判決(高特報一・一三九)、昭和二四年一一月一一日大阪高裁第七刑事部判決(高特報三・一)、昭和二四年一一月一一日高松高裁第三刑事部判決(高特報三・二五)、昭和二四年一一月二五日名古屋高裁第三刑事部判決(高特報六・七九)、昭和二四年一二月一九日名古屋高裁刑事第一部判決(高特報三・四八)、昭和二四年一二月二一日広島高裁松江支部判決(高特報三・五〇)、昭和二四年一二月二二日東京高裁第一二刑事部判決(高特報一六・二二)、昭和二四年一二月二六日福岡高裁判決(高特報三・五二)、昭和二五年二月七日福岡高裁判決(高特報六・五〇)、昭和二五年三月四日東京高裁第一二刑事部判決

（高刑集三・一・六八）、昭和二五年三月六日仙台高裁秋田支部判決（高特報七・八五）、昭和二五年七月二二日名古屋高裁刑事第四部判決（高特報一三・六五）、昭和二五年一〇月七日名古屋高裁刑事第二部判決（高刑集三・四・七三二）、昭和二六年四月三〇日札幌高裁第三部判決（高刑集四・四・四四四）などを挙げることができる。

また右の共謀と同意義に通謀という語を用いうるものがある。

【14】「数名の者がある犯罪を行うことを通謀し、そのうち一部の者がその犯罪の実行行為を担当し遂行した場合には、他の実行行為に携わらなかつた者も、之を実行した者と同様にその犯罪の責を負うべきものであつて、この理は数名の者が他人に対し暴行を加えようと通謀し、そのうち一部の者が他人に対し暴行を加え之を死傷に致したときにもあてはまるものである。」（昭和二三・五・四・二小廷、最刑集二・五・四七八、平野竜一・暴行の共謀と共同正犯・昭和二四年・判研二・三・五五、小野清一郎・刑釈八、二九七、牧野英一・研究一四・二五三）。

同趣旨のものに、昭和二三年五月一日第二小法廷判決（最特報八・一）、昭和二四年一一月一六日第三小法廷判決（最特報二三・八七）、昭和二六年九月二八日第二小法廷判決（最刑集五・一〇・一九八七、高田義文、実行者の具体的行為の内容を知悉しない通謀者の責任・昭和二八年・警研二四・一一・七九）、昭和二四年九月一七日福岡高裁判決（高特報一・一二七）などがある。

もつとも、共謀と通謀とを使いわけているものに次の判例がある。

【15】「被告人等四人カ順次二人宛共謀シタル場合ニ於テハ、其ノ一人ハ他ノ一人ヲ通シテ順次通謀シ結局四人共謀シタルモノト謂フヘク即被告人等ハ共謀シテ甲ヲシテ実行ノ任ニ当ラシメ因テ共同ノ犯意ヲ実行シタルモノト為スヘキヲ以テ、原判決カ被告人等四人ヲ総テ恐喝罪ノ共同正犯トシテ処断シタルハ正当ニシテ所論ノ如ク擬律錯誤又ハ理由齟齬ノ違法アルモノト謂フヘカラス」（昭和一一・六・一八・二刑、大刑集一五・八〇五、滝川幸辰、判批二・一一七）。

同趣旨のものに、大正一二年六月五日第一刑事部判決（大刑集二・四九〇、牧野英一・研究三・二三八）がある。なお、昭和二四年一二月二六日第三小法廷判決（最特報二三・八七）をも参照。

さらに、上掲の共謀と同意義に謀議という言葉を用うるものがある。

【16】「共同正犯ト ハ犯罪ノ構成要件タル行為ノ全部又ハ一部ノ実行ニ加功シタル者ノミヲ謂フニ非ス数人共同シテ犯罪ノ実行ヲ謀議シ共謀者中ノ或者ヲシテ実行ノ任ニ当ラシメ之ヲシテ他ノ共謀者ニ代リ犯罪ヲ実行セシメタル者モ亦共同正犯タルヲ妨ケス」(昭和六・一一・九・二刑、大刑集一〇・六五七)。

同趣旨のものに、大正四年三月二日第一刑事部判決(大刑録二一・二一二)、昭和七年一一月一四日第一刑事部判決(大刑集一一・一六二三)、昭和八年五月二九日第二刑事部判決(大刑集一二・六二三)、昭和八年六月八日第一刑事部判決(大刑集一二・八七・)、昭和八年一一月一三日第一刑事部判決(大刑集一二・一九九七、宮本英脩・共犯に於ける謀議・昭和一〇年・法叢三二・六・一二一八、滝川幸辰・判批一・一八〇)、昭和八年一二月一八日第一刑事部判決(大刑集一二・二三八〇)、昭和九年五月一七日第一刑事部判決(大刑集一三・六三四)、昭和九年一一月二〇日第四刑事部判決(大刑集一三・一五二八)、昭和一二年三月五日第四刑事部判決(大刑集一六・二五八)、昭和一三年一〇月二七日第二刑事部判決(大刑集一七・七八七)、昭和二三年一〇月六日大法廷判決(最刑集二・一一・一二六七、批評前掲)などがある。

また、高等裁判所の判例に次のものがある。

【17】「共同正犯として処断するためには共犯者等が各自犯罪行為を実行することを要せず二人以上の者がある犯罪を実行することを謀議しその謀議に基きその中の一人において実行行為を担当敢行するときはその行為者と共に他の謀議者全員を共同正犯者として処断するに毫も妨げはない。」(昭和二四・六・一五、福岡高裁、高裁時報一・四〇)。

同趣旨のものに、昭和二八年五月四日第一二刑事部判決(東京高刑集六・四・五四五)がある。

なお、謀議に代えて凝議という言葉を用いるものに、大正二年二月一八日第一刑事部判決(大刑録一九・二一七)がある。

(2)　意思の連絡ということを共同正犯の要件とするものに、左記がある。

【18】「数人カ共同シテ他人ニ暴行ヲ加ヘタル場合ニ其間ニ意思ノ連絡アルトキハ之ニ対シ刑法第六十条ヲ適用シ各自ヲ正犯トシテ刑ヲ科スヘク其暴行カ共同者ノ予謀ニ出テタルト否トヲ区別スルコトナシ之ニ反シテ暴行者間ニ意思ノ連絡ヲ欠ク場合ニ於テハ各自ヲシテ共現ニ加ヘタル傷害ニ対シテ責任ヲ負ハシムルヲ原則トシ各自ノ加ヘタル傷害ノ軽重ヲ知ルコト能ハス又ハ其傷害ヲ生セシメタル者ヲ知ルコト能ハサルトキハ玆ニ刑法第二百七条ヲ適用シ共犯ニ関スル第六十条ノ規定ニ準拠シ各自ヲシテ傷害ノ結果ニ対シテ全部ノ責任ヲ負ハシムヘキモノトス」(大正三・七・一四・三刑、大刑録二〇・一五一六)。

同趣旨の判例に、大正一一年二月二五日第二刑事部判決(大刑集一・八一、宮本英脩・共同正犯の主観的要素・大正一二年・法叢九・二・一〇二)、大正一四年一月二二日第二刑事部判決(大刑集三・九二四)、昭和一一年九月一七日第二刑事部判決(大刑集一五・一二三〇、批評・滝川幸辰・判批二・一七)、昭和二三年七月二〇日第三小法廷判決(最刑集二・八・九七九、批評前掲)、昭和二三年一二月一四日第三小法廷判決(最刑集二・一三・一七五一、批評前掲)、昭和二八年一月二三日第二小法廷判決(最刑集七・一・三〇、批評前掲)などがある。

もっとも、判例が以上のように意思の連絡を直ちに共謀とすることについては、有力な反対説がある。小野博士外三氏、刑法(ポケット註釈全書)一一七頁は『共謀とは、本来、具体的な犯罪の実行について謀議することを指すものと解すべきである(たとえば、実行の具体的方法を劃策し、実行行為の担当者を定める等。なお選挙に関する買収犯罪について大判昭一二・四・三〇集一六・五八九参照。大判大一一・四・一八集一・二三三、大判明四四・一〇・六録一七・一六一八。これに反し最判昭二四・二・八集三・一一三は、共謀とは数人相互の間に共同犯行の認識のあることをいうものとしこれを、通説における共同正犯成立の主観的要件としての意思の連絡と混同している。尤も右判例の事案は共謀者の一方も見張りをしているから本来の意味の共謀がなくても共同正犯の成立を認め得るであろう。実務上判文中の共謀の上という文言は意思連絡の趣旨に用いられている場合が極めて多い)』としている。

(3) 以上のような共謀は、必ずしも、数人の間において直接に行われることを要しない。数人中の或る者を介して他の者との間に意思の連絡がある場合にも、然りとせられる。

【19】「数人共同シ人ヲ欺罔シテ財物ヲ騙取セントスルニ際リ其ノ一部ノ者ノ間ニ於テハ各自其ノ者ト共ニ之ヲ犯スノ意思連絡ナキモ苟モ其ノ各自ハ他ノ一部ノ者ト該犯罪ノ実行ヲ共謀シタル以上ハ其ノ者ヲ介シテ通

謀ノ意思アリト謂フコトヲ得ヘキヲ以テ縦令其ノ各自カ単独ニ施シタル詐欺ノ手段ニ付認識ナキ場合ニ於テモ共同ノ目的タル財物騙取ニ対シ詐欺罪ノ共犯者トシテ其ノ責ニ任セサルヲ得サルモノトス故ニ原判決ハ被告カ所論ノ如ク相被告ノ為シタル欺罔行為ヲ認識シタル旨判示セサリシトスルモ詐欺罪ヲ以テ問擬スルニ毫モ妨ケナキモノト謂ハサルヘカラス論旨理由ナシ」（大正一二・六・五・一刑、大刑集二・四九三、批評前掲）。

また、以上の共謀は、必ずしも明示的なることを要しない。暗黙のものも亦然りとせられる。

【20】「（上告趣意の）論旨は、本件につき被告人等において共謀した事実を認むべき証拠がないばかりでなく、原審の判決した事実によつても被告人等の共謀は甲と乙との間に話合がつかず喧嘩となつた場合を仮定し、これに共謀による暴行の意思を条件づけたものである。しかもその条件は成就しなかつたのであるから、被告人には暴行の意思決定もなく、又それを行動に現わす余地もなかつたことは判文上明らかである。されば、丙の傷害行為は共謀に基くものではなく丙の誤解による単独の行為に過ぎないのであるから被告人等に責任がないのに原判決が被告人に共犯者としての責任を認定したことは理由齟齬の違法がある。なお、原判決が判示するように二階の物音に被告人等において喧嘩が起きたと速断して二階に馳せ上つた際には暴行の意思があつたとしても二階に上つて喧嘩がない事実を認めてその意思は消滅したものであるというのである。

しかし、原判決挙示の証拠によれば被告人等が原判示のように乙と争闘すべきことを暗に共謀した事実を認定することが出来るのであるから、共謀の点につき証拠がないとの論旨は理由がない。なお、原判示によれば、被告人等の共同暴行の意思を実行に移す時期については所論のような仮定的事実の発生に掛からしめたように見えるのであるが、その趣旨とするところは、被告人等において乙方階下に待期中突如二階で物音がしたので予期の如く喧嘩が始つたものと速断して二階に押し寄せたのであるから、被告人等は既に互に意思を連絡して共同暴行の意思決定をしたことを判示したものと解されるので、原判決には所論のような理由齟齬の違法はない。そして、共謀者の一員たる丙が乙に傷害を加え死に致した以上、被告人もまたその結果につき罪責を免れないことはいうまでもない。論旨においては、被告人等は仮に二階に馳せ上つた際に暴行の意思を有したとしても、喧嘩のない事実を認めてその意思は消滅したと主張しているが、かかる事実は原判決の認定しないところであるから所論は採用することができない。」（昭和二五・六・二七・三小廷、最刑集四・六・一〇九八）。

同趣旨のものに、昭和二四年一一月一〇日第一小法廷判決がある。

(4) 次に、共謀、すなわち、意思の連絡は、二人以上の責任能力者の間に存することを要する。責任無能力者相互間及び責任能力者と責任無能力者との間には、共同目的に向つて同心一体となるという意思連絡は、これを認め得ない。従つて、大正二年一一月七日第一刑事部判決が、他の共同正犯者が責任能力者なりや否やは罪責に影響なし、として、次のごとく説くのは妥当でない。

【21】「原判決ハ共犯者ノ氏名ヲ明示セサルモ反対ノ説示ナキ以上ハ責任能力者ナルコトヲ認メタル趣旨ナルヤ勿論ナルノミナラス他ノ共同正犯者カ責任能力者ナリヤ否ヤハ被告ノ罪責ヲ定ムルニ付キ影響ナキヲ以テ之カ明示ヲ欠クモ理由不備ノ違法アルモノニ非ス本論旨ハ理由ナシ」（大刑集一九・一一四二）。

(5) 右の共謀は、共同意思主体説よりするときは、言うまでもなく、故意を以つてすることを要するのである。問題となるのは、過失犯の共同正犯を認むべきか否かである。学説は、後段で詳述するように、その軌を一にしていないし、判例も、必ずしも明瞭ではない。

（イ） まず、旧大審院判例は、明らかに、過失犯の共同正犯を否定していた。

【22】「被告等ハ共同的過失行為ニ因リテ他人ヲ死ニ致シタルモノナレトモ共犯ニ関スル総則ハ過失犯ニ適用スヘキモノニ非サルヲ以テ原判決ニ於テ被告等ノ過失致死罪ヲ処断スルニ付キ刑法第六十条ヲ適用セサリシハ相当ナリ」（明治四四・三・一六・二刑、大刑録一七・三八三）。

同趣旨のものに、大正三年一二月二四日第二刑事部判決（大刑録二〇・二六二七）がある。

右に対し、最近、最高裁判所の判例に、次のような過失犯の共同正犯を肯定するがごときものがある。

【23】「原判決は「被告人両名は、飲食店Kから仕入れた「ウイスキー」と称する液体には「メタノール」(メチルアルコール)を含有するかも判らないから、十分にこれを検査し、「メタノール」を含有しないことを確めた上で、客に販売すべきであつたに拘らず、不注意にも何等の検査をせず、被告人両名は、「意思を連絡して」本件液体を販売した事実を認定したのである。

即ち、原判決は、被告人両名の共同経営にかかる飲食店で、右の如き出所の不確かな液体を客に販売するには「メタノール」を含有するか否かを十分に検査した上で、販売しなければならない義務のあることを判示し、被告人等はいづれも不注意にもこの義務を懈り、必要な検査もしないで、原判示液体は法定の除外量以上の「メタノール」を含有しないものと軽信してこれを客に販売した点において有毒飲食物等取締令四条一項後段にいわゆる「過失ニ因リ違反シタル」ものと認めたものであることは原判文上明らかである。しかして、原判決の確定したところによれば、右飲食店は、被告人両名の共同経営にかかるものであり、右の液体の販売についても、被告人等は、その意思を連絡して販売をしたというのであるから、此の点において被告人両名の間に共犯関係の成立を認めるのを相当とするのであつて原判決がこれに対し刑法第六〇条を適用したのは正当であつて、所論の違法ありとすることはできない。」(昭和二八・一・二三・二小廷、最刑集七・一・三〇、批評前掲)。

(ロ)　次に、学説であるが、主観的共犯論によつて過失犯の共同正犯は肯定せられている。宮本博士(刑法大綱一九六)、牧野博士のごときを挙げることができよう。牧野博士は、因果関係論の一適用として共犯論を理解し(重訂日本刑法上巻・昭和一二年・四一二)、因果関係論については『因果関係ハ、行為ト結果トノ関係上、社会カ行為ニ対シテ危険ヲ感スルカ否ニ因リテ之ヲ定ムヘシ』として、一種の条件説を主張している(上掲、二八二)。そして、共犯の成立と犯意との関係につき問題ありとし、『犯意ニ付テ之ヲ見ルニ、犯意ナキ行為ニ共犯トシテ加功スルコトヲ得ルカノ点其ノ一ナリ。犯意ナキ行為ヲ以ツテ共犯トシテ加功スルコトヲ得ルカノ点其ノ二ナリ。此ノ問題ハ、教唆ニ付テ之ヲ論スルトキハ殊ニ適切ニ之ヲ理解スルコトヲ得ヘシ。即チ、一ハ過失犯ノ教唆アリヤノ点ニシテ、他ハ過失ニ因ル教唆アリヤノ点ナリ。惟フニ、犯罪共同トイフコトヲ基礎トシテ之ヲ考フルトキハ、両者ヲ共ニ否定スルコト当然ナルヘシ。而シテ之ヲ通説トス。然レトモ、共犯ヲ以ツテ単ニ行為ノ共同ナリト解スルトキハ、犯意ノ関係ハ之ヲ共犯関係ノ要件ヨリ除外セサルヘカラス。従ツテ、過失ニ因ル教唆アリ、過失犯ノ教唆アリ、而シテ又、過失ニ因ル過失犯ノ教唆トイフコトヲ想像スルコトヲ得ヘシ。右ノ見解ハ、縦ノ共犯ニ於ケルカ如ク、横ノ共犯ニ付デモ亦然リ。数人カ共同シテ一定ノ行為ニ出テタル場合ニ於テ、其ノ数人ハ過失犯ノ共同正犯タルコトヲ得ヘシ』（上掲四五八）とする。

右に反して、過失犯の共同正犯を否定するものについても、構成要件論よりするものがあり、共同意思主体説よりするものがある。

第一の構成要件論によつて過失犯の共同正犯を否定するものとしては、滝川博士（刑法講話・昭和二八年・二六三）、小野博士（刑法概論・昭和二七年・一六九）、団藤教授などを挙げることができよう。例えば、団藤教授は『行為者の双方に共同実行の意思（意思の連絡）がなければ、単なる同時犯（Nebentäterschaft）にすぎない（二〇七条参照）。共同実行の意思は行為の際に存在すれば足り、かならずしも事前の共謀を要しない。なお、共同して犯罪を実行する意思があることを要するから、過失犯については、――少くとも現行法上は――共同正犯の成立をみとめることはできないであろう。いわゆる共同過失は共同正犯ではない』（刑法、法律学講座・昭和二八年・一一四）とする。

第二の共同意思主体説によつて過失犯の共同正犯を否定するものとしては、草野教授を挙げることができよう。教授の学説については、すでに、前段においてこれを詳述したところであるが、その共同意思主体説という立場からは、過失犯の共同正犯はこれを肯定し得ないのである（研究三・九七参照）。

（二）第二に、犯罪を実行することを要する。

(1) ここに『犯罪を実行する』とは、刑法各本条に規定する構成要件に該当する事実を実現することをいう。必ずしも、共同者の全部が実行行為を分担することを要しない。【1】の昭和一一年五月二八日の刑事連合部判決の説くがごとく『二人以上ノ者窃盗又ハ強盗ノ罪ヲ犯サンコトヲ謀議シ其ノ中或者ニ於テ之ヲ実行シタルトキハ爾余ノ者亦由テ以テ自己ノ犯意ヲ実現シタルモノトシテ共同正犯タルノ責任ヲ負フ』ことになるのである。このように、実行行為を分担しない者にも共同正犯が認められることになると、かくのごとき共同正犯とかの幇助犯との区別は如何にこれを劃すべきかが問題となつてくる。次に、この点を述べることにしよう。

(2) 共同正犯と幇助犯との区別も、やはり、共犯学説の如何によつてその結論を異にするのである。すなわち、主観的共犯論・客観的共犯論・共同意思主体説のいずれを採るかによつて結論を異にするのである。

（イ）まず、主観的共犯論に従つて、共同正犯と幇助犯とを区別する場合にも、三種の立場があることを注意しよう。その一は、動作若しくは結果に対する意欲の差異のうちに両者の区別を求めようとするものである。例えば、ヘルシュナーのごときである(Hälschner, Das gemeine deutsche Strafrecht, I, 1881, S. 374 ff.)。その二は、共犯者の利益並びに目的の差異のうちに両者の区別を求めようとするものであつて、正犯者は、その犯罪的結果に向つて自己の目的のため、自己の利益において行動し、これに反して、幇助犯者は、まさに他人の目的のために、他人の利益において役立つのである、とする。例えば、ケェストリンの見解のごときである（Köstlin, Neue Revision der Grundbegriffe des Criminalrechts, 1845, S. 448 ff.）。その三は、両者の区別の特徴を利益の独立、非独立という点に置きかえるものであつて、一方において正犯者は独立の利益を、他方において幇助犯者は非独立の利益を、両者の等しく意欲する当該犯罪によつて追求するとし、幇助犯者は彼の目的を全く正犯者の目的の下に従属せしめ、これに反して、正犯者は常に独自の目的を追求するものであるとする。例えば、ブーリーの学説のごときがこれである（Buri. Zur Lehre von der Teilnahme an dem Verbrechen und der Begünstigung, 1860, S.5 および、拙著共犯理論の研究三八九参照）。しかし、主観的共犯論の立場よりするときは、宮本博士の説くがごとく『共犯も単独犯も共に其犯罪構成の理論に於て異る所なし』（刑法学粋三九二）ということになり、また、牧野博士の主張のごとく『犯罪ヲ以テ悪性ノ表現ナリト解スルトキハ、数人カ一個ノ犯罪ヲ共同スト謂フコトハ意味ヲ為サス、犯罪ヲ主観的ニ理解セムトスルトキハ、共犯トハ、数人カ共同ノ行為ニ因リテ其ノ犯罪ヲ遂行スルモノト解スルヲ妥当トスヘシ』（重訂日本刑法上巻四〇九）ということになる。従つて、いみじくも、草野教授の道破せられしごとく『主観的共犯論は、共犯規定無用論に帰著する』（研究三・九六）ことになり、立法論としてはともかく、解釈論としては成り立たない、とすべきであろう。

（ロ）次に、客観的共犯論のうちにも数個の見解があるのであるが（拙著、共犯理論の研究三九参照）、ここでは、因果関係論の有力条件説によるものと構成要件論によるものとを見ることにしよう。

（a）有力条件説は、最有力条件説（Theorie der wirksamsten Bedingung）ともいい、ビルクマイヤーの主張するところである。彼は『刑法の意味における原因は、結果の諸条件のうちで爾余の諸条件よりも多く結果の招来に対し寄与したものでなくてはならない』とし、例えば『禁制せられた結果を12とし、その条件を7＋3＋2とすれば、この7が優勢な、最効果的な条件、すなわち、刑法の意義における結果に対する原因となる』とする。そして、彼は、原因と条件とを分つ右の原因論の上に共犯論を組み立て、共犯の種々の形態を結果に対する因果性に従つて区別し『正犯者とはそれを共同に惹起する者であり(中略)、幇助犯者とは結果に対し単に一条件を置いた者である。すなわち(中略)、犯罪の実行を容易ならしめるか若しくは助長することによつて爾するものである』とし、また『我々は(中略)、正犯者と幇助犯者とを、協力が本来原因を惹起する働作の企行のうちに存するか若しくは単に幇助するにすぎない動作の企行のうちに存するかに応じてこれを区別する(中略)。幇助犯者は遂行に対して正犯者を援助する、すなわち、結果に対して新しい従属的条件を置く(下略)』(拙著、上掲四三以下)とする。ところが、このような共犯論の根抵をなす有力条件説乃至原因説に対しては、次のような非難が加えられているのである。まず、滝川博士は、原因説は学説発展史上なくてはならない学説である、としながらも、その欠点を鋭くついて『この見解は出発点に根本的誤謬を含む。犯罪は単なる物質関係ではなく、同時に価値関係である。何が殺人行為か、何が窃盗行為かとゆう判断は力の分量とか、力を加えた先後等によつて機械的に定まるものではない。因果関係理論は責任理論であるとゆう思想の萠芽が現れて居る点において、個別観察説——原因説——は発展史上なくてならない見解である』(改訂犯罪論序説四一)とする。また、牧野博士は、原因説の採るべからざることを説いて『理論として、因果関係は、今、条件主義の因果関係論に従ふべきか、或は、相当因果関係論に依るべきかといふことに帰著してゐる。学説史上、因果関係についていては多数の学説があるが、いわゆる原因論とせられるもの、すなわち、原因と条件とを区別して理解する諸説は、結局のところ、相当因果関係説に帰著してしまつたのである』（研究八・三七九）と断じている。

一般に、相当因果関係説を分つて、主観的相当因果関係説、客観的相当因果関係説及び折衷的相当因果関係説とするのであるが、これ等の学説を基礎として、共犯論を組み立てているものがあるであろうか。少くとも、わが国では、これを見出し得ないようである。すなわち、主観的相当因果関係説を採る宮本博士は、その共犯論の構成において、因果関係論を以つてすることなく、方法的類型としてこれを論じ（刑法大綱一七四）、客観的相当因果関係説を採る小野博士は、共犯を構成要件の修正形式として論じ（刑法概論一六七）、また、折衷的相当因果関係説を是認する団藤教授も、共犯を論ずるのに、やはり、構成要件の修正形式ということを以つてするのである（刑法二三一）。共犯の理論構成は、『因果関係論より構成要件論へ』（拙著、共犯理論の研究七三）移行したと言うことができるであろう。

（b） 構成要件論を以つて、共同正犯と従犯の区別をたてたのは、エム・エー・マイヤーである（M. E. Mayer, Der allgemeine Teil des Deutschen Strafrechts, 1923, S. 388 ff.）。わが国において、同じように、構成要件の概念を用い、両者の区別を試みたのは、滝川博士である。博士によれば、この区別は『共同者の行為の特色が、如何なる点にあるかによつて決定される。一般的に観察した協力状態からいうて、また共同者の意志の強さからいうて、行為の価値が同じであると見るべき場合は共同正犯である。これに反し、一般観察者の立場から、制限的・従属的行為であると考えられる場合は従犯である』（刑法講義改訂版一六八）ということになる。そして、その半面『刑法は構成要件を厳密に規定し、行為が構成要件の一部分に該当する場合に、犯罪の実行の着手を認める。予備行為と実行行為とは、形式的には漸進的に進み行く行為の過程の量的変化に過ぎないが、実質的には量から質への転化と見ねばならない（未遂犯参照）。このことは共同正犯と従犯との区別についても妥当する。即ち共同正犯と従犯との間には、質的差異があり、構成要件該当性の有無がこれを決定する。この意味において、客観説のうち、構成要件を標準とする立場を正当とせねばならない」（同、二六九）とする。また、小野博士も、昭和七年の『刑法講義総論』において『「犯罪を実行したる」とは、二人以上の共同行為に依り犯罪構成要件を充足する事実を実現したるを謂ふ。此の場合に於ても犯罪の「実行」とは其の構成要件に該当する行為を謂ふものである』（刑法講義総論一九四）、『正犯を「幇助したる」とは、他人の正犯たるべき行為、即ち犯罪の実行、即ち特別構成要件に該当する行為を助け、其の実現を容易ならしむるを謂ふ。換言すれば、其は実行行為そのものに非ずして、しかも実行行為の実現に力を添ふる行為である』（上掲二〇一）と説明している（同趣旨、佐伯・刑法総論・昭和二八年・一九三）。

（c）終りに、共同意思主体説は、共犯を特殊な社会的心理的現象として理解するの点については、すでに、これを説いた（上段四頁以下参照）。然らば、この説は、共同正犯と幇助犯との区別を如何なる点に求めるのであろうか。犯罪事実の実現に重要な役割を演じたか否かにこれを求めるのである。すなわち、この説の創唱者であられる草野教授は、『共同正犯とは、二人以上共同して犯罪事実を実現した者で、重要な役割を演じたものを言ふのである』。もっとも『ここに謂ふ犯罪を実行すると云ふは、必ずしも共同者の全部が実行行為を分担することを要するとの意味ではない。共同者の中の何人かが実行に出ずることを要するとの意味なのである(共同正犯に於ける従属性)。固より実行行為を分担するは犯罪の遂行に大に与つて力あるものであるから、正犯たるは勿論であるが、縦し実行行為を分担しないでも謀議に参与する者の如きは、実行行為分担者に勝るとも劣らざる重大な役目を演ずるものと言はねばなるまい』。右と異つて、『従犯とは、共犯関係に於て重要ならざる役割を演じたるものを言ふのである』(刑法総則講義一分冊二〇二、二〇四、二一四)とされる。佐瀬博士も、これにならつて、『元来主観主義刑法論よりすれば、犯罪の本質を悪性の徴表としその程度の如何に依り処罰を区別すれば足るが故に別に従犯減軽規定の要なきも、之を現行法が認めたるは客観主義(従属性)に依るが故に共同関係に於ける地位の主動的なりや受動的なりやは、その行為者の主観的方面と行為の客観的方面との総合的評価認識を要し、かくして該共同関係に於て行為者の意思と行為(の形式と実質)の両方面より相対的に見て主たる地位にある者を正犯とし、従たる地位にある者を従犯と解すべきが最も現行法の解釈に適合する』(刑法大意第一分冊二六二)とする。また、小泉博士も『正犯と従犯との区別は犯罪の実現に重要なる影響を与ふる役割を為したる者を正犯とし、軽微なる影響を与ふる役割をなしたる者を従犯とすべきである』(改訂刑法要論総論二七七)とせられる。私も、また、『犯罪事実の実現に重要なる役割を演じたる者を正犯とし、重要ならざる役割を演じたる者を従犯と解する』(共犯理論の研究一七四)のである。

次に、判例は、昭和一一年以降、共同意思主体説を採用し、戦後、最高裁判所が創設されたのちにおいてもこの説を是認している、と考えられる(拙著、共犯理論の研究一二四)。しかし、旧法下においては、或いは、正犯の犯罪を容易ならしめたる者を以つて幇助犯とし(明治三七・一〇・一一、二刑、大刑録一〇・一八七八)、或いは、犯罪の成立に重要ならざる行為を為す者を以つて幇助犯とした(明治三六・一・一五、一刑、大審刑録九・三七参照)。また、現行法下においては、上述のごとく、実行行為に属せざる行為を以つて正犯の実行行為を幇助する者を幇助犯なりとした(明治四三・九・二〇、一刑、大刑録一六・一五二二参照)。従つて、判例は、共同正犯と幇助犯との区別につき、必ずしも、一貫した見解を持していない、と考えられる。そこで、次に、この点に関する判例推移の跡を四期に分つて考察することにしよう。

（イ）第一期は、旧法時代である。旧刑法一〇九条は『重罪軽罪ヲ犯スコトヲ知テ器具ヲ給与シ又ハ誘導指示シ其他予備ノ所為ヲ以テ正犯ヲ幇助シ犯罪ヲ容易ナラシメタル者ハ従犯ト為シ正犯ノ刑ニ一等ヲ減ス但正犯現ニ行フ所ノ罪従犯ノ知ル所ヨリ重キ時ハ止タ其知ル所ノ罪ニ照シ一等ヲ減ス』とし、また、その一一〇条は『身分ニ因リ刑ヲ加重ス可キ者従犯ト為ル時ハ其重キニ従ツテ一等ヲ減ス（一項）』、『正犯ノ身分ニ因リ刑ヲ減免ス可キ時ト雖モ従犯ノ刑ハ其軽キニ従ツテ減免スルコトヲ得（二項）』と規定していた。そこで、正犯の実行行為以前の所為を幇助した者のみを幇助犯とし、その実行行為への加功は幇助犯でない、とすべきか否かが問題となつた。すなわち、第一期の学説のうちには、右の一〇九条の文理解釈から、幇助犯とは正犯の実行行為以前の所為を幇助した者をいう、とする見解があつた（例えば、宮城浩蔵・刑法講義・明治一七年・六一四、同趣旨、井上正一・日本刑法講義・明治二一年・七五四、古賀廉三・刑法新論・明治三一年・七四九）。

判例は、右に対し、幇助犯は正犯の実行行為以前の段階において成立するのみならず、その実行中においても成立するという見解を採つていた。例えば、次のようなのがある。

【24】「刑法第百九条ニハ「重罪軽罪ヲ犯スコトヲ知テ器具ヲ給与シ（中略）」トアルヲ以テ従犯ノ罪ハ正犯カ犯罪ヲ実行スル以前ニ於テ予備ノ所為ヲ以テ正犯ヲ幇助スルニアラサレハ成立セストノ議ナキニアラスト雖モ同条ニ「器具ヲ給与シ又ハ誘導指示シ其他予備ノ所為ヲ以テ」ト掲ケタルハ正犯幇助ノ為メ用ユヘキ手段方法カ必ス犯罪実行以前ニ於ケル予備ノ所為タルコトヲ要ストノ趣旨ニハアラスシテ右ハ単ニ従犯行為ノ重ナルモノヲ例示シ重罪軽罪ヲ犯スコトヲ知テ正犯ヲ幇助シ犯罪ヲ容易ナラシメタル者ハ従犯トシテ之ヲ処罰スヘキコトヲ規定シタル立法ノ精神ニ外ナラサレハ正犯カ犯罪行為ニ著手スルノ前後ヲ問ハス苟モ之ヲ幇助シ其犯罪ヲ容易ナラシメタル以上ハ従犯ノ罪ハ成立スルモノト云ハサルヲ得ス何トナレハ正犯カ犯罪行為ニ著手スル以

前ノ所為スラ正犯ヲ幇助シ其犯罪ヲ容易ナラシメタルモノハ従犯トシテ之ヲ処罰スルニ拘ラス犯罪著手後ニ至リ正犯ヲ幇助シ其犯罪ヲ容易ナラシムヘキ行為ヲナシタル者ヲ従犯トシテ処罰セサル条理ナキヲ以テナリ」（明治三七・一〇・一一、一刑、大刑録一〇・一八七八）。

同趣旨の判例に、明治三四年一〇月四日第二刑事部判決（大刑録七・九・二三）、明治三五年三月二八日第一刑事部判決（大刑録八・三・八九）がある。なお、事後の幇助犯はこれを処罰しないとするものに、明治二八年一一月四日第一刑事部判決（大刑録一・四・三）がある。

ところが、正犯の実行行為への加功が必ずしも共同正犯でなく、幇助犯も成立するとすれば、この点において、共同正犯と幇助犯との区別如何ということが問題となる。当時、次のような判例があつた。

【25】「正犯者カ犯罪行為ノ継続中ナル場合ニ於テ之ヲ幇助シテ其犯罪ヲ容易ナラシメタル者ハ従犯ト為シ処分スヘキモノトス」（明治三四・一〇・四・二刑、大刑録七・九・二三）。

同趣旨のものに、明治三七年一〇月一一日第一刑事部判決（大刑録一〇・一八七八）がある。けだし、これ等は、まさに、後段で述べる当時の学説とその軌を一にするものがある、と考えられる。なお、判例のうちに、犯罪成立に対する影響の軽重を以つて区別の標準とすべし、とするものに次がある。

【26】「実行正犯ハ現ニ罪ヲ犯シタル者ヲ謂フモノニシテ其現ニ罪ヲ犯シタリトハ犯罪ノ成立ニ重要ナル行為ヲ為ス者ヲ謂フ」（明治三六・一一・二五、一刑、大刑録九・一三七七）。

しからば、当時の学説は如何なるものであつたであろうか。その大部分は、客観説、なかんずく、メツガーのいわゆる実質的客観説（Mezger, Strafrecht, 1949, S. 440）にもとずいて事を論じていた。例えば、富井政章博士は『正犯トハ（中略）犯罪ヲ構造スルニ必要欠ク可カラザル者ヲ云ヒ、従犯トハ唯犯罪を幇助シ之ヲ容易ナラシメタル者ト云フニ非ズヤ、換言セバ、一ハ犯罪ノ原因者ニシテ、又一ハ犯罪ノ成立ニ関係ナキ者トス』（刑法論綱・明治二二年・二三六）と説いている（同趣旨、岡田朝太郎・日本刑法論・明治二七年・一〇九五、小疇傳・日本刑法論総則・明治三九年・二五八）。これと異り、松原一雄氏は、メッガーのいわゆる形式的客観説にもとずいて、幇助犯の要件に、正犯を幇助するの所為並びに幇助の意思の二を数え、これを解説して『其幇助行為トハ実行行為ニ加担セザルヲ云フ。我刑法「予備ノ所為ヲ以テ」云々ト云フハ蓋シ此義ナリ。例バ器具ヲ給与シ又ハ誘導指示スルノ類之ナリ。実行行為即犯罪構成要件タル行為ニ加担スルトキハ正犯トナル』。『幇助ノ意思トハ他人ノ犯行ヲ幇助シ、之ヲ容易ナラシメントスルノ意思ニシテ、自ラ手ヲ下シ罪ヲ犯サントノ意思ニアラザルナリ。然リ然レドモ、実行行為ニ加担スルトキハ之レ現ニ手ヲ下シテ罪ヲ犯ス（実行加担）モノ（即正犯）ニシテ、之レ正犯ノ意思アルモノナリ。幇助ノ意思アルモノト云フベカラズ』（新刑法論・明治三七年・一六四）と説いていた。いわゆる構成要件論の前駆的見解と称することができよう。

そして、さらに、爾余の学説は、おおむね、折衷的見解を採つていた。例えば、江木衷氏は『従犯ノ所為タル、正犯ノ所為ト異ニシテ、主タル犯罪ヲ執行スルノ所為ニアラズトスルモ、従犯ニシテ其故意ニ依リ其所為ヲ以テ正犯ノ所為ノ原因タラシメタルトキハ、従犯トシテ之ヲ罪トスル』折衷主義をもつて、わが刑法の採るところなりとし、従つて、『従犯ノ所為ハ正犯タル所為ニ対シテ毫末モ加功スルコトナシ。故ニ正犯ノ所為中ニハ、更ニ従犯ノ所為ノ一分子ヲモ包含スルコトナシ。是レ数人ノ正犯相互ノ関係ト正犯ト従犯トノ関係ヲ異ニスル要点ナリ。千百ノ従犯アリト雖モ正犯ノ所為ノ毫末ヲ減ズルコト能ハザルハ、猶ホ千百ノ予備ヲ為スモ犯罪執行ノ著手タルコト能ハザルガ如シ。我刑法ノ正文ニモ、「犯罪ヲ容易ナラシメタルモノハ云々」ト云ヒ、其犯罪ノ所為ニ加功シタル場合(即チ正犯)ト明記シ、犯罪ノ所為ニ至リテハ独リ正犯ノ為ス所ニ一任シテ従犯ノ与ル所ニアラストセリ』(現行刑法汎論・明治二一年・二三一、二三四)と説いていた(同趣旨、林正太郎・日本刑法博議・明治二二年・五七六)。

(ロ) 第二期、すなわち、現行法下、上記、【1】の昭和一一年の刑事連合部判決までの期間を、ここに考究することにしよう。

まず、現行法は、刑法第六二条において、『正犯ヲ幇助シタル者ハ従犯トス(一項)。従犯ヲ教唆シタル者ハ従犯ニ準ス(二項)』とし、旧法の認めていた幇助の手段方法の例示を廃止したが、判例は、この点に関しては何等の変更も見なかつた、と考えられる。すなわち、幇助犯は正犯の犯罪実行以前において成立するのみならず、実行中においても成立する、と解する判例の態度には変りがなかつた。例えば、次のごときがある。

【27】 「正犯ヲ幇助スル為メニ用フル手段ハ必スシモ正犯ノ犯罪実行前ニ於ケル所為タルコトヲ要スルモノニアラス苟クモ正犯ヲ幇助シテ犯罪ヲ容易ナラシメタル所為アルニ於テハ其所為正犯ノ犯罪実行ニ著手シタル後ニ行ハレタル場合ト雖モ之ヲ従犯トシテ論スヘキモノトス何トナレハ正犯ノ犯罪実行ニ著手スル以前ニ於ケル幇助ノ所為スラ既ニ従犯トシテ処罰セラルルコトヲ免レサルニ拘ラス進テ正犯ノ犯罪実行ニ著手シタル後ニ至リテ為シタル幇助ノ行為ヲ従犯トシテ処罰スヘカラストノ理由アルヲ看サレハナリ而シテ右ノ趣旨ハ旧刑法第百九条ノ適用ニ関シ本院判例ノ夙ニ是認スル所タリ今刑法従犯ニ関スル規定ヲ見ルニ其第六十二条ニハ単ニ「正犯ヲ幇助シタル者ハ従犯トス」トアルニ過キスシテ旧刑法第百九条ニ比シ法文頗ル簡単ナリト雖モ右ハ旧刑法第百九条ニ存スル如キ不必要ナル文詞ヲ用イサルモノナルニ止リ立法ノ精神ニ至リテハ旧刑法第百九条ノ規定ノ精神ト敢テ相異スル所アルモノニアラサレハ右第百九条ノ適用ニ関スル本院ノ判例ハ刑法第六十二条ノ

適用ニ付之ヲ変更スヘキ理由ナシ」（明治四二・九・二・〇二刑、大刑録一五・一一四六）。

同趣旨のものに、大正六年七月五日第二刑事部判決（大刑録二三・七八七）がある。

学説を見るに、第二期以降においては、いわゆる構成要件論が犯罪の一般理論のうちに導入され、これに伴つて、共同正犯と幇助犯との区別に関しても、右の理論が重要な役割を演じることになつた。すなわち、この見解によれば、犯罪構成要件に該当する行為をなした者が正犯者であり、構成要件に該当する行為を助け、その実現を容易ならしめた者が幇助犯者である、とせられるのである。もつとも、このような考え方の萌芽は、前述のように、すでに、第一期に現われてきていたのであつたが、第二期においても、その初期にあつては、いまだ、このような先駆的な見解が主張されていたにすぎなかつた。例えば、泉二博士は『現行刑法ハ共同実行者ヲ共同正犯ナリトスルガ故ニ、実行行為ヲ分担スル者ハ共同正犯ニシテ、実行以外ノ行為ヲ以テ正犯ヲ幇助スル者ハ従犯ナリト解スルヲ至当トス。而シテ一定ノ行為ガ一定ノ犯罪ノ実行行為ニ属スルヤ否ヤハ、各種ノ犯罪、各個ノ場合ニ付テ之ヲ講究セザルベカラズ』（日本刑法論、大正五年・五六九）としている（同趣旨、勝本勘三郎・刑法要論総則・大正三年・四一三、大場茂馬・刑法総論下巻・大正七年・一〇三六）。

これに対し、構成要件という概念を用いて、右のような考え方を明確にしたのは、滝川・小野両博士である点については、すでに、これを説いた。しかし学説は必ずしもこの見解に一致していなかつた。構成要件を標準として共同正犯と幇助犯との区別を立てる見解を採らない爾余の学説は、第二期においては、すべて折衷的な見解を採用していた。従つて、第一期におけるような区別、すなわち、正犯の実行行為の時を標準とする区別や、因果関係論による区別は、もはや、これを見出すことができない。例えば、牧野博士は『予輩ハ別ニ一個ノ提案ヲ為サムト欲ス、即チ、共同関係ニ於ケル犯人ノ地位ソノモノヲ基礎ト為スコト是ナリ。蓋、近時ニ至リ群衆心理ニ関シテ特別ナル研究ヲ試ムル者、皆、人ノ共同運動ニ主動的分子ト受動的分子トアルコトヲ認ム。而シテ、予輩ハ此ノ見解ヲ共犯関係ニ応用セムトスルナリ。即チ、其ノ共同関係ソノモノニ於テ主タル地位ヲ有スル者ヲ正犯トシ、従タル地位ニ在ルニ過ギザル者ヲ従犯ト為スナリ。此ノ説ハ単ニ事実ノ軽重ヲ基礎ト為スモノニ非ザルガ故ニ客観説ニ非ズ。然レドモ、単ニ又犯人ノ心理ヲ標準ト為スモノニ非ザルガ故ニ主観説トナスコトヲ得ズ。論議ノ基礎ハ群集心理ソノモノニ在ルガ故ニ特別ナル立場ニ在ルモノトス』(日本刑法第一分冊・昭和七年・三八六)としている。さらに、草野教授、佐瀬博士、小泉博士及び私が、共同意思主体説の立場から、折衷説を主張していることについては、前段において、すでに、これを説いた。

(ハ) 第三期、すなわち、【1】の昭和一一年の刑事聯合部判決以降、最高裁判所設立までの期間に、共同意思主体説は、判例によつて、全的に是認せられた、と考えられる。それは、共同正犯・教唆犯のみならず、幇助犯についても承認せられた、と考えられる。

幇助犯に関する判例で、はじめて、共同意思主体説を採つたと考えられるものに次の判決がある。

【28】「夫レ共犯ニ付テハ二ツノ解釈アリ其ノ一ハ個人ヲ単位トシテ因果関係ノ理論ヲ応用シテ共犯現象ヲ解セントスル個人的共犯論ナリ従来主観主義又ハ共犯独立説ト称セラルルモノ是ナリ其ノ二ハ個人ヲ単位トセスシテ群衆ノ特殊心理ヲ酌ミテ共犯現象ヲ解セントスル団体的共犯論ナリ従来客観主義又ハ共犯従属犯説ト呼ハルルモノ是ナリ惟フニ此等従来ノ称呼必スシモ当レリト謂フヲ得サレトモ我判例カ後説ヲ採レルコトハ共謀ニ因ル共同正犯ノ成立ヲ認ムルニ依リテ之ヲ知ルヘシ然レトモ我判例ノ採レル共犯団体説ヲ以テ因果関係中断論ヲ前提トスル所謂従属犯説ト混同視スルコトナキヲ要ス何トナレハ正犯ノ故意行為ノ介入ニ因リテ因果関係ノ中断セラルルコトヲ認メナカラナホ教唆ノ責任ヲ問ハントスルカ如キハ不当ニ迂曲シタル論法タルノミナラ

ス又実ニ矛盾セル論法ナレハナリ而シテ我判例カ因果関係中断論ヲ採レルモノニ非サルコトハ再間接教唆ニ付此ノ如キ場合ト雖其ノ教唆行為ナカリセハ正犯ノ犯罪行為ハ行ハレサリシモノニシテ前者ハ後者ニ対シ一ノ条件ヲ成シ事実上相当ナル因果ノ連絡アルノ故ヲ以テ刑法第六十一条第二項ノ適用アリト為シ又従犯ノ幇助ニ付苟モ正犯カ犯行ヲ為スノ情ヲ知ツテ其ノ実行ヲ容易ナラシムルニ於テハ直接ナルト間接ナルトヲ問ハス均シク因果ノ関係ヲ有シ幇助ノ効ヲ致スモノナルノ故ヲ以テ刑法第六十二条第二項ノ適用アリト為シ以テ此等ノ規定カ正犯ニ対スル間接教唆乃至間接幇助処罰ノ上ニ於ケル例外規定ト解セスシテ例示規定ト解セルコトニ徴シテ明瞭ナリ然ラハ此等ノ規定ヲ特別例外規定タルコトヲ前提トシテノ所論ハ概ネ当ラサルニ止ラス却テ原判決カ被告人ニ間接教唆ノ幇助ノ罪ヲ認メ之ニ刑法第六十二条第六十一条第二項等ヲ適用シタルハ洵ニ至当ノ措置ト謂フヘク一点ノ非議ヲ容ルルノ余地アルヲ見ス」（昭和一二・三・一〇・三刑、大刑集一六・三一二、坂本英雄・間接正犯・昭和一二年・法論一六・七・九〇、佐瀬昌三・間接教唆の幇助・昭和一二志林三九・九・一三三・牧野英一・研究七・四〇三）。

同趣旨のものに、昭和一二年八月三一日第三刑事部判決（大刑集一六・一三五五、川添清吉・義務履行行為と犯罪の成立・昭和一三年・法論一七・二・二三九、草野豹一郎・研究四・一四五、坂本英雄・預りたる拳銃の交付と強盗の幇助・昭和一三年・法論一七・一・牧野英一・研究七・五二七、同、研究八・一二）、昭和一三年四月七日第四刑事部判決（大刑集一七・二四四、司波実、刑釈一・一一八）、昭和一三年一一月一八日第三刑事部判決（大刑集一七・八三九、植松正・強盗殺人罪における殺人後の奪取行為への加功・昭和一四年・日法五・五・六八、小野清一郎・刑釈一・四一四、草野豹一郎・研究五・一二四、吉田常次郎・承継的従犯・昭和一四年・日法五・四・七二）、昭和一五年五月九日第二刑事部判決（大刑集一九・二九七、小野清一郎・刑釈三・一三一、吉田常次郎・予備的行為を以てする従犯・昭和一六年・新報五一・三・四二四）、昭和一五年一〇月二一日第二刑事部判決（大刑集一九・七一八、小野清一郎・刑釈三・三一八）がある。このように、幇助犯についても共同意思主体説が是認せられることになつたとすると、その論理的帰結として、実行行為を分担しない者にも、共同正犯者があり、幇助犯者がある、としなければならない。そこで問題となるのは、共同意思主体説に立脚して両者を区別する標準は何かということである。上述のごとく、私は、犯罪事実の実現に重要な役割を演じたか否かでこれを分つべきものと考えるのである。

(ニ)　なお、第四期、すなわち、最高裁判所設立以降においては、旧大審院の共犯判例が、そのまま踏襲されている、と考えられる。とくに、【7】の昭和二三年一月一五日第一小法廷判決は、上記【1】の昭和一一年の刑事聯合部判決と共に、共同意思主体説を認めた代表的なものと考えられる。そして、この共同意思主体説は、幇助犯についても是認せられた、と考えられる。例えば、昭和二三年一〇月二三日第二小法廷の判決のごときである。すなわち、保釈の請求に使用するため、刑務所医師をして虚偽内容の診断書を作成せしめることを共謀した一人(A)が、被告人(B)に謀ることなく、同一目的のため他人(D)をして刑務所医師名義の偽造の診断書を作成せしめた場合において『被告人(B)は本件診断書が偽造であることを知らず、虚偽内容の診断書と考へてこれをCに交付したとしても、Cがこれを行使した以上、前に説明したと同一の理由によりCの偽造診断書行使の幇助についても亦その責任を免かれることはできない』としているのである。ところで、この幇助犯とかの共同正犯との区別に関連して、とくに問題となるのは、『見張』である。次に、これを述べることにしよう。

(3)　『見張』を以つて、共同正犯と解すべきか否かについては、古くから争があつた。けだし『見張行為は或場合には共同正犯であることがあり或場合には単に従犯に止ることがある』(昭和二五・五・二三東京高裁一二刑事部判決・高特報九・一二)と考えられるからである(拙稿、共同正犯と従犯との区別・昭和三〇・三一年・早法二九・四冊三一・二・三冊所載参照)。しかし、大審院・最高裁判所の判例は、見張を以つて共同正犯なりとしているのである。

(イ)　第一期、すなわち、旧法下の判例たる明治二八年一二月一九日第一刑事部判決(大刑録一・五・八九)、明治二九年一二月一七日第二刑事部判決(大刑録二・一一・五六)、明治三〇年九月三〇日第一刑事部判決(大刑録三・八・三六)、

明治三五年九月二九日第二刑事部判決（大刑録八・八・九四）、明治三六年一月一五日第一刑事部判決（大刑録九・三七）、明治三六年六月二日第二刑事部判決（大刑録九・九三七）および明治三七年一月二二日第一刑事部の判決は、見張を以つて共同正犯なりとしている。最後の判例は次のごとくである。

【29】「二人以上共謀ノ上強窃盗ヲ為スニ当リ其目的ヲ達スルカ為メ犯罪ノ遂行上其行為ヲ分担シ見張ヲ為シ以テ犯罪実行ヲ妨クヘキ事実ノ存在ヲ排除スルノ所為ハ即チ実行ノ所為ト相待ヲ犯罪成立ニ必要欠クヘカラサルモノナルヲ以テ実行ノ行為ニ外ナラス」（大刑録一〇・六七）。

これに対し、小疇傳氏、日本刑法論・総則之部（明治三九年）三六〇頁は、判例の見解は謬見であるとし、その理由として、『仮リニ必要的消極的条件ハ罪ノ実行行為ニ属ストスルモ単ニ見張ヲ為シタリトノ事実アリタルノミニテハ未タ以テ犯罪ノ実行ヲ妨クヘキ事実ヲ排除シタリト云フコトヲ得サルヲ以テ結局本問ノ場合ハ予備ノ所為ヲ以テ正犯ノ実行ヲ奨励幇助シタルモノ即チ従犯ヲ以テ論スヘキナリ』としている（同趣旨、宮城浩蔵・刑法講義上巻・明治二〇年・六二一、古賀廉造・刑法新論・明治三一年・七二八、松原一雄・新刑法論・明治三七年・一六三）。これに対し、井上正一氏、日本刑法講義（明治二一年）七二八頁は『今法律ノ正面上厳格ニ之ヲ論スル時ハ、夫ノ窃盗ノ瞭望者ハ現ニ自ヲ人ノ所有物ヲ窃取シタルノ所為ナケレハ之ヲ窃盗ノ犯人ナリト謂フ事ヲ得サル可ク、又強姦ノ瞭望者モ唯見張ヲ為シタルノミニシテ自ラ強姦ノ所為アリタルニ非サレバ亦之ヲ強姦罪ノ正犯ナリト謂フ事ヲ得ザル可シ要スルニ此二者ハ第百四条ノ「現ニ罪ヲ犯シタル者云云」ノ文詞ニ恰当シタル者ニ非ザル可シ然ラバ即チ之ヲ第百九条ノ従犯ト做サン乎今同条ノ法文ヲ案ズルニ抑抑従犯トハ専ラ犯罪前ニ係ル所為ヲ行フタル者ノ謂ナルガ如シ（中略）斯ク論ジ来ル時ハ前例ノ瞭望者ハ到底刑法ニ正条ナキ者ナリト決セザルヲ得ザルガ如シ然リト雖モ第百四条ノ趣旨ヲシテ果シテ草案ニ於ケルガ如ク数人連合シテ罪ヲ犯シ云云ノ意味ニ解釈ス可キ者ナリトスル時ハ彼レ瞭望者ノ如キ之ヲ正犯ナリト結論スル事ヲ得可シ、何トナレバ良シ其張番ヲ為スノ所為自ラハ窃盗又ハ強姦ノ所為ニ非ズトスルモ若シ此張番ナキ時ハ窃盗若クハ強姦者ハ其ノ所為ヲ逞クスル事ヲ得ザル可キガ故ニ之ヲ二人連合シテ罪ヲ犯シタル者ナリト云フモ敢テ牽強附会ノ鑿説ニ非ザレバナリ況ンヤ夫ノ張番ヲ為スノ所為モ、或ル場合ニ於テハ現ニ手ヲ下ス者ヨリハ寧ロ危険ノ地位ニ立ツ事ナシトセズ、夫等ノ場合ニ於テハ其心事ノ険悪ナル蓋シ現ニ手ヲ下シタル者ト軒輊スル事ナケレバ之ヲ第百四条ノ正犯ナリト做スハ敢テ不当ニ非サルヲヤ』としている（同趣旨、江木衷・日本刑法汎論・明治二一年・二二四、林正太郎・日本刑法博義・明治二二年・五七六）。ところが、以上の消極説・積極説の外、折衷説を主張する者がある。例えば、岡田朝太郎博士、日本刑法論（明治二七年）一〇四七頁は、明治一九年三月一日の判決が、強盗のなされている間、戸外で瞭望していた他の共謀者の所為が、強盗罪成立に必要欠くべからざりしや否を顧みずに正犯としたことをもつて、『甚タ疑念ヲ容ルヘキ点ナリ』とし、『元来一身分手ト言フガ如キ比喩ハ遽ニ複雑ナル法理ヲ断スルニ足ラサルノミナラス初メニ約シ共ニ犯所ニ在ツテ一部ノ分担ヲナシタルノミヲ以テ尽ク正犯トセバ共犯者ニシテ時ヲ同ジウスル者ヲ尽ク正犯トスルニ等シク極端ニ失シタルハ明カナリ通常ノ場合ヲ云ヘバ戸外ニ瞭望者ヲ置クガ如キハ救援ヲ防ギ逮捕者ヲ恐ルル等ノ時ニシテ罪ヲ遂グルニ必要ナルベシト雖ドモ事実無用タル場合ナシト断言ス可ラズ仮ニ無用ナラズトスルモ必要欠クベカラザルニ至ラズ止ダ之ヲ容易ナラシメタルニ過ギズンバ従犯トスベキナリ戸外瞭望ノ所為ヲ分離シテ観察センカ到底強盗罪ノ着手トスル能ハザラン況ンヤ実行トスルニ於テオヤ此ノ如キ所為ノ正犯タルヤ否ヤヲ知ルハ他ノ共犯者ノ罪ヲ遂グルニ必要ナリシヤ否ノ一点ニ在リ』として、見張をもつて一律に共同正犯とする判例の態度を非難しておられる（同趣旨、富井政章、刑法論・明治二二年・二四五）。

（ロ）第二期、すなわち、現行法下、昭和一一年以前における判例は、見張を共同正犯なりとする従前の見解を改めなかつた。

【30】「原判決ノ趣旨ハ被告等三名共謀ノ上前掲村役場ニ於テ強盗ヲ為サンコトヲ企テ被告Aハ戸外ニ在リテ見張ヲ為シ之レカ警戒ノ任ニ当リ被告B、Cハ各兇器ヲ携ヘ役場内ニ押入リ強盗殺人ノ行為ニ及ヒタリト云フニ在レハ被告A亦強盗殺人犯ノ実行ニ加功シタルコトヲ認メタルコト勿論ナルヲ以テ原審カ被告Aニ対シ所掲ノ罰条ヲ適用シ他両名ノ被告ト同一ノ刑ニ処シタルハ相当ナリ」（明治四二・六・八・一刑、大刑録一五・七二八）。

同趣旨のものに、明治四四年一二月二一日第二刑事部判決（大刑録一七・二二七三）、大正二年二月二一日第一刑事部判決（大刑録一九・二二九）、大正五年一一月一七日第一刑事部判決（大刑録二二・一七九一）、大正一一年一〇月二七日第一刑事部判決（大刑集一・五九三）、昭和二年一二月八日第五刑事部判決（大刑集六・四七六）、昭和九年五月一七日第一刑事部判決（大刑集一三・六三五）がある。

右に対し、学説は、一般に、消極説乃至折衷説を採り、見張は共同正犯として取り扱うべきものにあらずとした。例えば、勝本博士は、正犯と幇助犯とを、『行ヒタル行為ガ各本条犯罪タル性質ヲ具フルヤ否、即チ犯罪構成要素ノ全部又ハ一部タルヘキ行為若クハ犯罪ノ発生ニ直接且必要ノ行為ニシテ亦犯罪自体ト認ムヘキ着手以上ノ行為ナルヤ否ヲ以テ区別スヘシトスル説ヲ以テ正シトセザルヘカラス』とし、従つて『究局、従犯ノ行為ハ予備ノ行為ト殆ント同一ニ帰着シ（中略）、従犯ノ行為ハ、例ヘバ殺人行為ノ実行中之ニ兇器ヲ投ケ与フルカ如キ又ハ賭博若クハ窃盗ヲ為シツツアルノ際、瞭望ヲ為スカ如キ犯罪ノ実行中ニ於テモ亦存スルモノニシテ、或ル一派ノ学者カ実行中ニ行ハルルモノハ皆ナ正犯ノ行為ナリト云フハ誤レルモノトス』（刑法要論総則・大正三年・四三二）と説き、また、大場博士は『犯罪構成事実ニ属スル行為ヲ実行スルニ非スシテ単ニ其実行ヲ可能又ハ容易ナラシムル行為ノ如キハ仮令犯罪完成ニ必要欠ク可ラサル行為ナル場合ト雖モ正犯行為ニ非スシテ所謂「正犯ヲ幇助スル行為」即チ従犯行為ニ外ナラス。故ニ（中略）犯罪ノ立番ヲ為シ、道案内ヲ為（中略）スカ如キハ、孰レモ犯罪ヲ実行スル行為ニ属スルモノニ非スシテ、之ヲ幇助スル行為ナレハ、共同正犯行為ニ非スシテ従犯行為ナリトス』（刑法総論下巻・大正七年・一〇三八）と説いていた（同趣旨、小野清一郎・刑法講義総論・昭和七年・一九四）。

然るに、草野教授は、右の昭和九年五月一七日の判決を採り上げ、その正当なる所以を力説された『犯罪の見張』論において、見張に関する諸説を検討された上、次のごとく説かれている。いわく、『之を要するに、本判例の事案に見るが如き共謀に因る犯罪の見張は、之を正犯を以て論ずべきであるとする結論には、諸説悉く一致して居るのである。然るに、其の結論に到達する径路を異にするのは何故であらうか。言ふまでもなく、共犯に対する根本観念の相違から来るのである。反対論者は徹頭徹尾、個人本位で共犯関係を解決せんとするのであるが、私共は、共犯現象其のものは之を共同意思主体の活動として観察し、責任の帰属は之を共同者個人に就て論究せんとするのである。共犯現象其のものを共同意思主体の活動として観察せんとするは、二人以上の者が共同目的に向つて合一するときには、そこに特殊の社会的心理現象を生じ、其の目的に向つての個人の行動は、之を単なる個人の行動として解すべからざるものがあるからである。又責任の帰属を共同意思主体を構成する個人に就て論究せんとするは、かかる犯罪団体の存続は法律上許すべからざることであるからである。而して既に刑法法典其の他に、此の特殊なる団体的心理を酌んで内乱罪、騒擾罪等の群集犯が規定せられて居る以上、更に狭義の共犯理論にも拡充さるべきで、此の理は決して反対論者の主張するが如き理由で以て一蹴せらるべきものではないと信ずるのである。（中略）然しながら、或は此くの如く解するに於ては、依然、刑法上禁物である「他人の行為をもつて自己の行為と看做すとか、乃至、他人の行為に因つて自己の犯罪を為すとかいふ」過誤を敢てするものであると難ずる者があるかも知れぬ。然しそれは、決して古法の縁坐乃至は今日警察取締法規に見るが如き、何等の意思連絡もなき他人の行為に付て責任を負ふものと同視すべきではない。私は、共同意思主体の成立したる暁に於ては、一人の共謀者の行為は即ち他の共謀者の行為であつて、看做すと言ふやうな観念を挾む余地がないものとさへ考へるのである』（研究二・九八以下、同趣旨、島田武夫・日本刑法新論・昭和三年・三六四）と。

なお、見張を以つて一律に共同正犯なりとし若しくは幇助犯なりとすることなく、また、個別的観察によつて見張の性格を決定すべしとすることなく、ある種の犯罪の見張については共同正犯、あるものについては幇助犯を認める見解のあることに注意しなければならない。すなわち、泉二博士が、『瞭望ノ如キハ強窃盗ノ実行上必要ナルモノナルカ故ニ共同正犯タルヲ得』べしとしながら、『然レトモ見張瞭望ハ常ニ如何ナル犯罪ニ付テモ実行行為ヲ成スモノトスルハ予輩ノ採ラサル所ナリ。例ヘハ賭博罪ニ付テハ賭罪ヲ為シ又ハ賭事博戯ヲ行フニ非スシテ只見張ヲ為スニ過キサル者ハ共同正犯ニアラスシテ従犯ナリト解スルヲ正当ナリトス』（改訂増補日本刑法論・大正五年・七五一以下。なお、同・日本刑法論上巻・昭和一四年・七〇六以下、刑法大要・昭和一三年・二二二をも参照）と説いているがごとくであつて、このような見解は、最近の学説に大きな影響を与えていると考えられる。

（ハ）　第三期、すなわち、昭和一一年以降最高裁判所創立までの期間においては、見張に関する判例はこれを見出しえないようである。ところで、学説は、依然、区々に分れているのである。例えば、安平博士は『両者（共同正犯と従犯）の区別は結局、個々の法定事実的内容よりする法律的規範的評価よりして為さるべく、其の方法は法定事実行為(Tatbestandshandlung)を行ひたる者を以て正犯とし、其の他の前提条件乃至は之を支持する行為を演じたる者を以て従犯と為すに在る。何れとするも主観的見解は現行刑法の解釈としては不適当である』(日本刑法総論・昭和一九年・六六三)とし、『判例は正犯と従犯との区別に関し「被告人甲が乙と共謀の上欺罔手段たる詐欺賭博の見張を為したるは、即ち詐欺罪を遂行する為め妨害排除の行為を担当したるものにして犯罪の実行に関与したるもの」として共同正犯と為すも(大正二・二・二一宣告刑録一九・二三三頁)、不可である。構成要件を中心として形式的に観れば従犯である』(上掲六六五註一一)として、消極的見解を採つているが、これに反し、小泉博士は『(見張の性質に関する)判例は区々であるが、実行に加功せざる共同正犯を認むる趣旨よりすれば見張りが実行なりや否やは問題とするに足りない。要は犯罪完成に重要なる役割をなしたか否かを素材として見張りを論ずることになるであらう』(改訂刑法要論総論・昭和一八年・二七八註二)として、見張も共同正犯と考えられるとしている。

(二) 第四期、すなわち、最高裁判所創設以後においても、やはり、判例は、見張を以つて共同正犯なりとしている。

【30】「数人が強盗又は窃盗の実行を共謀した場合において、共謀者のある者が屋外の見張りをした場合でも、共同正犯は成立するということは、大審院数次の判例の示すところであつて今これを改むべき理由は認められない。」(昭和二三・三・一六・三小廷最刑集二・三・二二〇批評前掲)。

同趣旨の判決に、昭和二三年五月一日第二小法廷判決(最刑集二・五・四三五、批評前掲)、昭和二三年五月二五日第二小法廷判決(最刑集二・五・五〇七、批評前掲)、昭和二三年七月二〇日第三小法廷判決(最刑集二・八・九七九、批評前掲)、昭和二三年七月二二日第一小法廷判決(最刑集二・九・九九五、批評前掲)がある。

しかし、学説は、必ずしも、判例に賛成していない。すなわち、反対説の第一は、構成要件ということを強調する立場よりする異論であつて、団藤教授の主張するところである。教授は、上掲第一の判例研究において、見張は実行行為の一部であろうか、と自問し説いていう『犯行を容易にするために電話線を切断する行為などは、かような見地——後段に引用する小野博士の全体的観察の見地——に立つても実行行為とはいえないであろう（これを実行行為とすれば、殺人、強盗等の目的で電話線を切断した際に逮捕された者も、殺人強盗等の予備ではなく、これらの未遂とされなくてはならない。これは行きすぎである）。しかも見張りと電話線切断とは、犯行を容易にするための行為として軽重はない。むしろ両者とも実行行為そのものではないと考えるべきではあるまいか。かようにして、わたくしは、見張りは——賭博などの見張りはむろんのこと、殺人、強盗などの見張りもまた——共同正犯ではなく、幇助犯にすぎないものと考えたいのである。行為者定型からいつても、暴行・脅迫ないし殺人行為そのものに加担した者と単なる見張り——ことに屋外の見張り——とでは、質的な差異があることをみのがしてはならない』（刑釈八・一三四）と。また、教授は、昭和二三年七月二〇日の判例の研究において以上の見解とはやや異り、見張を実行行為と見る余地のあることを承認し、『監禁罪における見張りは、比較的容易にそれを実行行為の分担として観念することができるであろう』とし、『要するに構成要件的行為に特殊の特徴の要求されているものについては、単なる見張りを実行行為の分担と考える余地はないし、そうでないものについては、全体的考察において単なる見張りをも実行行為とみる余地があるのである。ところで、窃盗罪については物色行為もまた実行行為に入るものと考えなければならないのであり、したがつて屋外の見張りをも実行行為の分担と考えることが可能であろうとおもう。したがつて、判旨一——窃盗の共犯者と意思連絡のもとに見張をした場合は窃盗の共同正犯と断ずべきものである——に関するかぎり、疑問を留保しながら、一応これを支持しておく。これに反して強盗については暴行脅迫によつて他人の財物を強取することが構成要件的行為であり、単なる見張りは全体的考察においてもかような構成要件の特徴を示すものとはいえないのではあるまいか』（刑釈九・二二六）とする。

反対説の第二は、全体的観察の見地よりするものであつて、小野博士の説くところである。すなわち、博士は『刑法講義』では、共同正犯における実行行為は『二人以上の行為を全体として観察すべきであり、個個の行為のみを切断して観察すべきではない。此の意味に於て直接手を下さなくても、犯罪を共謀し且つ其の見張を分担するが如きは、幇助でなく共同正犯と認むべきであろう』（新訂刑法講義総論・昭和二七年・二〇五）とし、最近の『刑法概論』では『各自の行為が単独にその構成要件に該当することは、必ずしも必要でない。例へば二人で強盗をする共謀をし、一人が屋内に入り、一人は屋外で見張りをした場合は、強盗の共同正犯である。しかし屋内で賭博をするのを、屋外で見張りをしている者は、それだけでは、賭博をした共同正犯とはいへない』（刑法概論・昭和二七年・一六九）としている（なお、拙稿、共同正犯と従犯との区別・昭和三〇・三一年・早法二九・四冊、三一・三・四冊所載参照）。

三　共同正犯の処罰については、その共同して犯罪を実行した者は『皆正犯トス』る。共同正犯者は、ことごとく、共同して実現した犯罪事実の全部について刑法各本条所定の刑を以つて処断せられることになる。すなわち、昭和二三年五月八日第二小法廷判決が論ずるごとく『数名の者がある犯罪を行うことを通謀し、そのうち一部の者がその犯罪の実行行為を担当し遂行した場合には、他の実行行為に携わらなかった者も、之を実行した者と同様にその犯罪の責を負うべきものであって、その理は数名の者が他人に対し暴行を加えようと通謀し、そのうち一部の者が他に対し暴行を加え之を死傷に致したときにもあてはまるものである。しかして原判決の確定したところによれば、被告人は甲、乙十数名の第一審相被告人等と共に、A及び其の配下の者を襲撃して之に暴行を加えようと通謀し、A方を襲い、乙外数名の第一審相被告人等は、持っていた兇器等でAの配下B、C等を突き刺し、或は殴打して右Bを死に致し、C外三名に傷害を与えたというのであるから、たとい被告人自身は暴行をした事実なく、従って原判決に被告人の暴行した事実が摘示されていなくとも、被告人は之が実行行為をしたものと同様傷害致死及び傷害の罪責あること勿論である』(最刑集二・五・四七八)ということになる。

(一)　もっとも、錯誤の存する場合、例えば、窃盗の意思で強盗に加功したような場合には、軽い窃盗罪として処断せられるものとする。ところで、共犯の錯誤は、一般に、共犯の過剰(Überschreitung)として論ぜられている。例えば、メツガーは『教唆者は、過剰、すなわち、正犯者の側面における超過に対しては、責任を負わない。詳言すれば、教唆者の故意は教唆者の責任を限界づけるが、それは正犯者の故意が正犯者の責任を限界づけるのと全く同様である』(Mezger, Strafrecht, Ein Lehrbuch, 3. Aufl., 1949, S. 436 f.)とし、また、『被教唆者の実行した所為が教唆者に帰責されうるためには、それと教唆者の故意とが一致しなければならない。「被教唆者」が誘起された決意の実行とみられる所為以外の所為を行った場合には教唆者はこれに対して責任を負わない(中略)。教唆者が責任を負うのは、つねに、その故意の及ぶ範囲内だけである。しかし、所為が、このような決意の実行と見られる限りにおいては、教唆者は、正犯者自身と同様に、これに対して責任を負わなければならない。それ故、正犯者の責任を阻却しない客体の錯誤（error in objecto）が正犯者にあつた場合、教唆者もまた責任を負う（中略）。被教唆者が教唆者の意欲したところ、および教唆者によつて作り出された決意の程度を越えたときは、——例えば、被教唆者が窃盗の代りに強盗を行つた場合には、——教唆者の負担とならない超過（過剰 Exzess）が成立する』とし、さらに、右とは逆に、『被教唆者がより軽い所為を為した場合には、教唆者は、そのより軽い所為についてのみ、例えば、未遂についてのみ責任を負うに過ぎない』（Leipziger Kommentar, 7. Aufl., 1954, S. 238 (Mezger)）と論じている（Vgl. Schönke, Strafgesetzbuch, Kommentar, 5. Aufl., 1951, S. 160）。旧刑法第一〇八条の『所犯教唆シタル罪ヨリ重キトキハ止タ其ノ指定シタル罪ニ従ツテ刑ヲ科ス。所犯教唆シタル罪ヨリ軽キトキハ現ニ行フ所ノ罪ニ従ツテ刑ヲ科ス』が想起せられるのである。

しかし、事は、教唆犯のみに限らるべきでない。共同正犯、幇助犯についても過剰ということを考えうるのである。メッガーも、共同正犯につき『過剰、すなわち、他の共同正犯者の超過行為について論ぜられるのは、当該他人が、意思疎通によつて一致したところ以上のことを行つた場合である。このような超過行為に対しては、意思疎通の及ばなかつた者は、責任を負わない』（Mezger, a.a.O., S. 424）とし、幇助犯につき『主たる行為者の過剰に対しては、従犯者は責任を負わない』（Mezger a.a.O., S. 446）としている。ドイツの最近の学説は、過剰の問題を、excessus mandati を中心としながらも、共同正犯、教唆犯、幇助犯についてそれぞれ論じている（例えば、Maurach, Deutsches Strafrecht, Allgemeier Teil, 1954, S. 531, 552 ff., 560; H. Mayer, Strafrecht, Allgemeiner Teil, 1953, S. 334 ff.; Moser, Allgemeiner Teil des Strafgesetzbuchs, 1953, S. 188, 193, 199 f.; Welzel, Das Deutsche Strafrecht, 4. Aufl., 1954, S. 80, 86, 88. なお、Rittler, Lehrbuch des Österreichischen Strafrechs, 2. Aufl., 1954, S. 287）。そして、わが国の学説も、ドイツのそれと同様の見解を採つている（拙稿、共犯判例と錯誤・昭和三一年・警研二七・三・五註八参照）。しからば、わが国の判例は如何であろうか。教唆犯・幇助犯については後にふれることにし、ここでは、共同正犯のそれを見ることにしよう。

共同正犯が『共犯』であるかどうかについては疑がないわけではないが、私は、これを肯定し、共同正犯は共犯であると断じ、その立論の根拠を共同意思主体説に求めているのである（拙稿、共同正犯の共犯性・昭和三〇年・「滝川先生還暦記念」所載）。もつとも、この共同意思主体説にも三種の立場のあることを注意しよう。その一は、この説の創唱者であられる草野教授のそれであつて、共犯の成立についても、共犯の処罰についても、ともに、連帯性ということを主張する見解である。その二は、小泉博士の採るところであつて、共犯の成立については従属性を、その処罰については独立性を是認する立場である。その三は、私の採るところであつて、共犯の成立については一体性、その処罰については個別性ということを主張する立場である。すなわち、実行者の行為が当該共同意思主体の犯罪と看得られる場合には、その範囲内において、共同意思主体の活動があり、その範囲内において、全共犯者につきその犯罪が一体として、成立すると解するのである。そして、その処罰については、これを個別的に考察すべきものとするのである。然らば、共同正犯に関する判例は如何に理解せらるべきであろうか。

第一に挙げなければならないのは、窃盗の意思で強盗に加功した者は窃盗の責任を負うとする判例である。

【32】　「被告人以外の共犯者は最初から強盗の意思で強盗の結果を実現したのであるがただ被告人だけは軽い窃盗の意思で他の共犯者の勧誘に応じて屋外で見張をしたと言うのであるから被告人は軽い窃盗の犯意で重い強盗の結果を発生させたものであるが共犯者の強盗所為は被告人の予期しないところであるからこの共犯者の強盗行為について被告人に強盗の責任を問うことはできない訳である、然らば原判決が被告人に対し刑法第

三十八条第二項により窃盗罪として処断したのは正当であつて原判決には毫も所論の如き擬律錯誤の違法はない。」(昭和二三・五・一・二小廷、最刑集二・五・四三七、批評前掲)。

けだし、共同意思主体説よりするときは、妥当な判決であるとすべきものであろう。なお、右と同趣旨の判例、すなわち、恐喝の意思で強盗に加功した者は恐喝の責任を負うとするものがある。

【33】「被告人がA等と恐喝の共謀をして現場に臨んだところ、Aが共謀の範囲を超えて強盗の既遂をした事実を認定するに十分である。してみると被告人は刑法第三八条第二項によつて恐喝既遂の責任を負うべきは当然である。所論は要するに事実誤認の主張であり、独自の法律上の見解を述べるに過ぎず採用の限りでない。」(昭和二五・四・一一・三小廷、最刑特報二七・三九)。

第二に数えなければならないのは強盗の意思で強盗殺人に加功した者は強盗致死の責任を負うとする判例、すなわち、【13】の昭和二三年一一月四日第一小法廷判決である。

右は、強盗共謀者の一人が実行行為の途中から強盗の手段として殺意を生じ人を殺害したときは、故意ある強盗殺人罪として論ぜられ、殺意のなかつた他の共謀者は、殺意のない結果的加重犯たる強盗致死罪の罪責を免れない、とするのである。共同意思主体説よりするも、妥当な判決とすることができる、と考える。

なお、右に関連して問題となるのは、刑法第二四〇条の後段の解釈である。通説は、殺意なき強盗致死罪たる結果的加重犯と殺意ある強盗殺人罪とを併せ規定したものである、とする(草野豹一郎・刑事法学の諸問題一・昭和二六年・二八七参照)。また、判例も同一の見解を採つている。

【34】「従来本院判例ノ趣旨ニ依レハ強盗人ヲ死ニ致スノ罪ハ殺意ノ有無ニ拘ラス成立スルモノニシテ殺人

罪ト全然性質ヲ異ニスルモノナルカ故ニ強盗故意ニ人ヲ死ニ致ストキハ一行為ニシテ刑法第二百四十条及第百九十九条ノ二罪名ニ触ルルモノトシテ第五十四条ニ依リ処断スヘキモノナリトセリ蓋此ノ論理ニ従フトキハ強盗人ヲ死ニ致スノ罪ハ殺意ノ有無ニ拘ラス成立スルモノニシテ殺意ノ存在ヲ許サザル傷害致死罪ト全然性質ヲ異ニスルカ故ニ強盗殺意ナクシテ人ヲ死ニ致シタル場合ニハ強盗致死罪ト傷害致死罪トノ二罪名ニ触ルルモノトシテ第五十四条ニ依リテ処断セサルヘカラサルノ結論ヲ生スルモノナルコト明白ナリトス然ルニ本院ニ於テハ未タ此ノ擬律ヲ是認シタルモノナキノミナラス此ノ結論ノ不当ナルヤ疑ヲ容レス加之強盗致死罪ハ強盗故意ニ人ヲ死ニ致シタル場合及傷害ニ因リ人ヲ死ニ致シタル場合ヲ包含スルモノナルコトハ夙ニ本院判例ノ是認スル所ニシテ即チ本罪ハ強盗罪ト殺人罪トノ結合罪又ハ強盗罪ト傷害致死罪トノ結合罪ニ外ナラスト解スヘク凡ソ結合罪ハ之ヲ組成スル各罪種ヲ包括シテ重キ一罪ヲ構成スルモノニシテ此ノ結合罪ト各罪種トカ独立シテ数個ノ罪名ニ触ルルモノト為スヘキモノニ非サルハ法律カ特別ノ結合罪ヲ認メタル精神ニ照シテ明白ナルカ故ニ特別結合罪タル強盗殺人罪ニ付テハ止タ刑法第二百四十条後段ノミヲ適用スヘキモノニシテ更ニ重複シテ第百九十九条ヲ適用スヘキモノニ非ス若夫強盗故意ニ人ヲ死ニ致ス行為ニ対シ刑法第百九十九条ノ適用ナキモノトセハ其ノ殺意ヲ遂ケサル場合ニ於テ普通殺人未遂ニ比シ刑ノ権衡ヲ失スルノ観ナキニ非スト雖其ノ実ハ然ラサルモノアリ蓋本院判例ノ認ムル如ク刑法第二百四十条ノ罪ハ結果犯ニシテ未遂罪ノ成立ヲ認ムヘキモノニ非スト為シ之ト同時ニ叙上ノ如ク強盗殺人ノ行為ニ付刑法第百九十九条ノ適用ナキモノトセンカ強盗殺意ヲ遂ケス人ヲ傷シタルニ止ル場合ニ付テハ第二百四十条前段ノミヲ適用スヘク更ニ第百九十八条等二百三条ノ罪名ニ触ルルモノトシ第五十四条ニ依リテ処断スルコトヲ得サルニ至ルヘキカ故ニ単純ナル殺人未遂ヨリモ軽ク処断セサルヘカラサルカ如キ不権衡ナル結論ヲ生スヘシトノ見解ナキニ非サルヘシ然レトモ第二百四十条ノ罪ニ付テハ未遂罪ヲ認ムヘキモノナルコト第二百四十三条ノ法文上明白ナル所ニシテ又強盗致死罪カ強盗ト殺人罪又ハ傷害致死罪トノ結合罪ナリトスル以上ハ故意犯タル強盗殺人行為ニ付未遂罪ヲ認ムルモ論理上何等ノ支障ナキカ故ニ如上ノ不権衡ヲ生スルノ虞ナキモノト謂ハサルヘカラス要之強盗殺人ニ付テハ刑法第二百四十条後段ノカヲ適用シ其ノ未遂ニ付テハ併セテ第二百四十三条ヲ適用スルヲ以テ解釈上ノ論理ヲ一貫スルノミナラス法ノ

精神ニ適合スルモノトス之ト反対ノ解釈ヲ為スニ於テハ第二百四十三条ノ明文ヲ無視シ立法ノ精神ニ矛盾スルニ至ルヘキカ故ニ採ルヘカラス」（大正一一・一二・二二、一一、二三刑連、大刑集一・八一九以下）。

(二) 右の共犯の錯誤と区別すべきものに、結果的加重犯の共犯、すなわち、一定の犯罪で行為者の予見しなかつた結果にもとずき刑の加重せられるものの共犯がある。

(1) まず、強盗致死、すなわち、強盗の機会に、暴行乃至傷害の故意を以つて、人を死に致したような結果的加重犯については、共同正犯者の全員が、発生せる結果につき、その責任を負う。

【35】「被告ハAニ暴行ヲ加ヘ其所持ノ金員ヲ奪取セントヲ企テB、Cト共同シテ之ヲ実行セントヲ謀議シ各自其実行行為ヲ分担シタル事実ナルガ故ニ暴行ノ結果Aヲ死ニ致シタルハBノ行為ナルニモセヨ被告ハ強盗殺人ノ実行正犯トシテ刑責ヲ免ルルヲ得ス何トナレハ各分担者ハ相互ニ自己及他人ノ分担者ノ為メニ実行行為ヲ為スモノナレハナリ」（明治四〇・一〇・二一刑、大刑録一三・一〇九四）。

【36】「相被告人Aは被告人と共謀の上原判示の如く強盗に着手した後、家人に騒がれて逃走し、なお泥棒、泥棒と連呼追跡されて逃走中、警視庁巡査に発見され追付かれて将に逮捕されようとした際、逮捕を免れるため同巡査に数回切りつけ遂に死に至らしめたものである。されば右Aの傷害致死行為は強盗の機会において為されたものといわなければならないのであつて、強盗について共謀した共犯者等はその一人が強盗の機会において為した行為については他の共犯者も責任を負うべきものである。」（昭和二六・三・二七・三小廷、最刑集五・四・六八八）。

(2) 強盗致傷罪の共同正犯に関しては、左記のものがある。

【37】「およそ強盗の共犯者中の一人の施用した財物奪取の手段としての暴行の結果、被害者に傷害を生ぜしめたときは、その共犯者の全員につき、強盗傷人罪は成立するのであつて、このことは強盗傷人罪が所謂結果犯たるの故に外ならない。ところで、原判示事実は、原判決の援用する証拠によつて優にこれを証明するこ

とができるのみならず、被告人に対する強盗傷人罪の事実の判示として聊かも間然する所はない。従つて、該事実に対し刑法第二百四十条前段の規定を適用して被告人を処断した原判決の措置は正当であつて、その間何等の違法の廉はない。原判決を目して審理に尽さざる所があると云い、或は過失犯に共同正犯なしとする理論を援引して、結果的加重犯たる強盗傷人罪にも共同正犯なしと言うが如き所論は、いずれも独自の見解であつて、ともに採用に値しないから、論旨はいずれも理由がない。」(昭和二二・一一・五・二小廷、最刑集一・四・植松正・共犯者の加えた傷害に対する強盗共謀者の責任・昭和二五年・新報五七・四・一一六七、小野清一郎・刑釈七・一五三、団藤重光・平野竜一、共犯者の一人の加えた傷害と共犯者全員に対する強盗傷人罪の成立・昭和二四年・判究一・二五)。

同趣旨のものに、明治三五年六月一二日第二刑事部判決(大刑録八・六・一二八)、明治三五年九月二九日第一刑事部判決(大刑録八・八・九四)、昭和一〇年六月二五日第四刑事部判決(大刑集一四・七三六)、昭和二三年四月一七日第二小法廷判決(最刑集二・四・三八六、批評前掲)、昭和二四年一一月二五日名古屋高裁第三刑事部判決(高裁時報六・七九)、昭和二八年一月一七日東京高裁第八刑事部判決(東京高裁時三・一・五)、昭和二八年六月三〇日札幌高裁第三刑事部判決(高裁刑集六・七・八五九)がある。

(3)　傷害致死罪の共同正犯に関しては、前段(五四頁)の昭和二三年五月八日第二小法廷判決の外、左記のものがある。

【38】「多衆一団となつて他人に暴行を加えることを謀議したものが、偶々犯行現場におくれて到着したため、又はその現場にいながら、直接実行行為に加担しなかつたとしても、他の共謀者の実行行為を介して自己の犯罪敢行の意思を実現したものと認められるときは、その衆団暴行に基く傷害乃至は傷害致死の罪につき、なお共同正犯たるの責を負うべきである。」(昭和二三・一〇・六・大法廷、最刑集二・一一・一二六七、批評前掲)。

同趣旨のものに、昭和二三年五月一日第二小法廷判決(最高特報八・一)がある。

(4)　強姦致傷罪の共同正犯に関する判例としては、左記のものがある。

【39】 S女の負傷は、被告人等の内誰の行為によつて生じたものか不明であるが、仮りに被告人等の内の一人の行為によつて生じたものとしても、被告人等は同女を強姦しようと共謀して判示犯行をとげたのであり、そして強姦致傷罪は結果的加重犯であつて、暴行脅迫により姦淫をする意志があれば、傷害を与えることについて認識がなくとも同罪は成立するのであるから共謀者全員が強姦致傷罪の共同正犯として責を負わなければならないことは前に説明したとおりである、所論刑法第二〇七条は数人が共謀することなくして暴行をなし人を傷害した場合に関する規定であつて二人以上共謀して暴行をなし人を傷害した場合に適用はない従つて被告人等が共謀して強姦をなし且つ傷害を与えた本件に同条の適用のないことは明白であるから、此点に関する論旨は理由がない。」（昭和二四・七・一二、三小廷、最刑集三・八・一二四〇、批評前掲）。

同趣旨のものに、古く、明治四一年四月一四日第一刑事部判決（大刑録四・三九一）があり、近く、昭和二五年六月六日第三小法廷判決（最刑集四・六・九五〇）がある。

(5) なお、注意すべきは、非本質的な錯誤、例えば、手段・目的物・被害者等の錯誤は、一般に、罪責に対し影響を与えないということである。判例も、また、同一の見解に出でている。

【40】「被告人ハ甲ト共謀シ馬四ノ価格ヲ不当ニ高価ニ明告シテ鉄道省ニ輸送ヲ委託シ其ノ輸送ノ途中ニ於テ故意ニ之ヲ斃死セシメタル上鉄道省ニ対シ列車ノ衝動ニヨリ狂奔シタル結果脳震盪ヲ惹起シテ斃死シタル旨虚構ノ事実ヲ申向ケ其ノ賠償金名義ノ下ニ其ノ明告シ置キタル価格金ヲ騙取セムトシテ遂ケサリシモノナレハ其ノ斃死セシメタル方法カ被告人ト協議シタル方法トハ異リタレハトテ之唯其ノ方法ノ差違ニ過キス故意ニ斃死セシムル点ニ於テ一致セルカ故ニ共犯トシテノ意思ノ連絡ニ欠缺アルコトナク従テ被告人ハ詐欺未遂ノ共犯トシテ其ノ罪責ニ任スヘキハ勿論被告人ハ其ノ斃死ノ実際ノ顛末ヲ知リナカラ尚判示ノ如ク詐欺行為ヲ進メタルモノナレハ右斃死方法ノ差違ノ如キハ被告人ノ罪責ニ絲毫ノ影響ヲ及ホササルモノトス然ラハ原判決ハ所論ノ如キ採証法ノ原則ニ反シ事実ヲ不当ニ認定シタル不法アルモノト謂フヘカラス論旨理由ナシ」（昭和八・一一・二〇、二刑、大刑

集一二・二〇七二)。その他、殺人の共謀者は、他の共謀者が被害者を誤認した場合にも殺人罪につき責任を負うとした昭和六年七月八日第三刑事部判決(大刑集一〇・三一二)、強盗共謀者は、他の共謀者が共謀の際に打合わせたのと異る文言を用いて脅迫をなした場合にも強盗罪につき責任を負うとした昭和二四年三月二二日第三小法廷判決(最刑集三・三・三三三)参照。

(二)　また、共犯の処罰に関して問題となるのは、脱退者のある場合又は中止者の存する場合である。

(1)　まず、共謀者が犯罪実行の着手前に脱退したような場合には、その脱退した者は刑責を負担しないのである。

【41】「一旦他の者と犯罪の遂行を共謀した者でもその着手前他の共謀者にもこれが実行を中止する旨を明示して他の共謀者がこれを諒承し、同人等だけの共謀に基き犯罪を実行した場合には前の共謀は全くこれなかりしと同一に評価すべきものであつて、他の共犯者の実行した犯罪の責を分担すべきものでない。」(昭和二五・九・一四、東京高裁一刑、高刑集三・三・四〇八)。

もつとも、次のごとき判例がある。

【42】「我が刑法上特別の場合を除いては罪を犯そうとする意志を有していてもこれを実行することがなければ犯罪を構成するものではないことは敢て説明を要しないところであつてこれを単独犯の場合はもとより共同正犯の場合も亦同様である。しかしひるがえつて考えるに共同正犯の場合においては罪を犯そうとする意志は勿論単独のそれではなく二人以上の共同意志である。そしてその犯罪行為を遂行したときは即ち共同意志を実行したものに外ならないのである。かような場合には実行為に携わらなかった者においてたとら実行行為の前に既にその通謀関係から離脱する意思を包懐していたとしてもその者が当初に通謀した共同意思はその遂

行為によって発現したのであるから通謀関係から離脱する意思を包懐していたという一事によっては共同正犯の罪責を免かれることはできないのである。」（昭和二四・九・一七、福岡高裁一刑、高特報一・一二七）。

さらに注意すべきものに、次の判例がある。

【43】「数人が強盗を共謀し、該強盗の用に供すべき『匕首』を磨くなど強盗の予備をなした後、そのうちの一人がその非を悟り該犯行から離脱すべき旨明示的に表意しなくても、他の共謀者において、右離脱者の離脱の事実を意識して残余の共謀者のみで犯行を遂行せんことを謀つた上該犯行に出でたときは、残余の共謀者は離脱者の離脱すべき黙示の表意を受領したものと認めるのが相当であるから、かかる場合、右離脱者は当初の共謀による強盗の予備の責任を負うに止まり、その後の強盗につき共同正犯の責任を負うべきものではない。」（昭和二八・一・一二福岡高刑集六・一・一四）。

(2) 次に、共犯者の一人の犯行の中止は、他の共犯者が結果を惹起したときは、これを中止未遂とするを得ないのである。

【44】「原判決の認定した事実によれば、被告人等はSを強姦することを共謀して同女を強姦し、且つ強姦をなすに際して同女に傷害を与えたというのであるから、共謀者全員強姦致傷罪の共同正犯として責を負わなければならない。原審相被告人Mは、同女を姦淫しようとしたが同女が哀願するので姦淫を中止したのである。しかし他の共犯者と同女を強姦することを共謀し、他の共犯者が強姦をなし且つ強姦に際して同女に傷害の結果を与えた以上、他の共犯者と同様共同正犯の責をまぬかれることはできないから中止未遂の問題のおきるわけはない。」（昭和二四・七・一二、三小廷、最刑集三・八・一二三七、批評前掲）。

同趣旨のものとしては、大正一二年七月二日第二刑事部判決（大刑集二・六一〇、牧野英一・研究三・二三五）、昭和一〇年六月二〇日第二刑事部判決（大刑集一四・七二三、滝川幸辰・批評二・九八）、昭和二四年一二月一七日第二小法廷判決（最刑集三・一二・二〇二八、井上正治・共犯者の中一人は自己の意思に因り犯行を中止し他の者が犯行の目的を遂げた場合中止未遂の規定の適用の有無・昭和二六年・刑法二・一・二三四、香川達夫・刑釈一一・三九二、滝川春雄・共同正犯と中止犯・昭和二七年・阪法三・八一）などがある。ただし、注意すべきものに、次の昭和一二年一二月二四日第三刑事部判決がある。

【45】「二人以上共同シテ犯罪ノ実行行為ニ出デ、而カモ其ノ行為既ニ完了セルガ如キ場合ニ於テ、共犯者中ノ一人ニ中止犯ノ成立ヲ認メムニハ、少クトモ其ノ者ニ於テ共同犯行ニ因ル結果ノ発生ヲ防止スルノ作為ニ出デ、而カモ其ノ結果ノ発生ヲ防止シ得タルコトヲ要スルモノト解セサルヘカラズ。今原判決挙示ノ証拠ニ依レバ被告人カ甲、乙、丙等ト共謀ノ上判示ノ如ク、丁夫妻等ヲ恐喝シテ金三百円ノ交付ヲ受ケタルノ事実ハ之ヲ認ムルニ足リ、記録ニ徴スルモ事実誤認ノ疑ナキノミナラズ、被告人ガ所論ノ如ク犯意ヲ翻シタルガ如キ事実ハ原判決ノ認メサル所ナリトス。仮リニ所論ノ如ク被告人ニ於テ翻意シテ共謀者ノ一人丙ニ対シテ「一切ノ手ヲ引クカラ承知シテ呉レ」ト申聞ケタルノ事実アリトスルモ、之ヲ目シテ結果ノ発生ヲ防止スルノ真摯ナル努力ニ出デタルモノト為スコト能ハザルハ勿論、亦結果ノ発生ヲ防止スルノ実効ナカリシノ事跡ニ徴スレバ、原判決ガ被告人ニ恐喝罪既遂ノ成立ヲ認メ、中止犯ノ規定タル刑法第四十三条但書ヲ適用セザリシハ固ヨリ当然ノコトニシテ毫モ異ムニ足ラズ」(大刑集一六・一七二八、吉田常次郎・共犯と中止犯・昭和一三年・新報四八・八・一三一二)。

(四)　なお、共同正犯の処罰についての立法論として問題となるのはその刑はこれを加重すべきかどうかである。現行刑法は単独正犯の刑を以て処断すべきものとしている。しかし共犯が共犯として認められるのはその特殊の社会的心理的現象たる点にあるとする限り、共同正犯については単独正犯の刑を加重すべきである、との立法論が提唱せられる所以である(草野豹一郎・刑法改正上の重要問題二六三)。現に若干の規定は、単独正犯の刑を加重しているのである。例えば、複雑逃走罪(刑法九八)の加重のごときである。

教唆犯と幇助犯

齊藤金作

序

学者、もし、共同正犯を論ずる場合に共同意思主体説を採りながら、教唆犯・幇助犯を説く場合に犯罪共同説又は行為共同説に依拠するとするならば、論理を貫かないものがある、としなければならない。共同正犯・教唆犯・幇助犯は、ともに、共犯として、同一の学説により、統一的に説かれなければならない、と考えられる。判例は、私見に従えば、現在、三種の共犯を、共同意思主体説によつて、一貫した態度で、理解しているのである。そこで、私は、本稿においても、前段の『共謀共同正犯』におけると同じように、共同意思主体説に立脚し、多数の共犯判例を、その意義・要件・処罰の順序に従つて整理・分類した。そして、やはり、問題点については、旧刑法以降現在までを四期に分ち、各時期における学説と対照しながら、判例変遷のあとを詳述しているのである。

一　教唆犯

一　教唆犯に関する判例で、明瞭に、共同意思主体説に拠つていると考えられるのは、次の昭和一二年三月一〇日第三刑事部の判決である。

【1】「夫レ共犯ニ付テハ二ツノ解釈アリ其ノ一ハ個人ヲ単位トシテ因果関係ノ理論ヲ応用シテ共犯現象ヲ解セントスル個人的共犯論ナリ従来主観主義又ハ共犯独立犯説ト称セラルルモノ是ナリ其ノ二ハ個人ヲ単位トセスシテ群衆ノ特殊心理ヲ酌ミテ共犯現象ヲ解セントスル団体的共犯論ナリ従来客観主義又ハ共犯従属犯説ト呼ハルルモノ是ナリ惟フニ此等従来ノ称呼必スシモ当レリト謂フヲ得サレトモ我判例カ後説ヲ採レルコトハ共謀ニ因ル共同正犯ノ成立ヲ認ムルニ依リテ之ヲ知ルヘシ然レトモ我判例ノ採レル共犯団体説ヲ以テ因果関係中断論ヲ前提トスル所謂従属犯説ト混同視スルコトナキヲ要ス何トナレハ正犯ノ故意行為ノ介入ニ因リテ因果関係ノ中断セラルルコトヲ認メナカラナホ教唆ノ責任ヲ問ハソトスルカ如キハ不当ニ迂曲シタル論法タルノミナラス又実ニ矛盾セル論法ナレハナリ而シテ我判例カ因果関係中断論ヲ採レルモノニ非サルコトハ再間接教唆ニ付此ノ如キ場合ト雖其ノ教唆行為ナカリセハ正犯ノ犯罪行為ハ行ハレサリシモノニシテ前者ハ後者ニ対シ一ノ条件ヲ成シ事実上相当ナル因果ノ連絡アルノ故ヲ以テ刑法第六十一条第二項ノ適用アリト為シ又従犯ノ幇助ニ付苟モ正犯カ犯行ヲ為スノ情ヲ知ツテ其ノ実行ヲ容易ナラシムルニ於テハ直接ナルト間接ナルトヲ問ハス均シク因果ノ関係ヲ有シ幇助ノ効ヲ致スモノナルノ故ヲ以テ刑法第六十二条第二項ノ適用アリト為シ以テ此等ノ規定カ正犯ニ対スル間接教唆乃至間接幇助処罰ノ上ニ於ケル例外規定ト解セスシテ例示規定ト解セルコトニ徴シテ明瞭ナリ然ラハ此等ノ規定ヲ特別例外規定タルコトヲ前提トシテノ所論ハ概ネ当ラサルニ止ラス却テ原判決カ被告人ニ間接教唆ノ幇助ノ罪ヲ認メ之ニ刑法第六十二条第六十一条第二項等ヲ適用シタルハ洵ニ至当ノ措置ト謂フヘク一点ノ非議ヲ容ルルノ余地アルヲ見ス」（大刑集一六・三一二、牧野英一・研究七・四〇三）。

ところで、共同意思主体説に従えば、教唆ということは、教唆者と被教唆者とより成る共同意思主体成立上の過程行為であり、被教唆者の教唆を応諾することによつて、ここに、共同意思主体が成立し、そして、被教唆者が実行行為に出ずることによつて、始めて、共同意思主体の活動がある、と考えるのである（草野豹一郎・刑法総則講義・昭和一〇年・二〇九）。従つて、被教唆者が犯罪を決意したに止り、未だ犯罪を実行せざる場合においては、教唆犯の成立を認め得ない、とするのである。このように、教唆犯の従属性を肯定するのが、わが国の通説であり、また、判例でもある。例によつて、四期に分つて論述することにしよう。

一　教唆犯

（一）　まず、第一期、すなわち、旧法下において、その第一〇五条が『人ヲ教唆シテ重罪軽罪ヲ犯サシメタル者ハ亦正犯ト為ス』と規定したところから、学説は挙げて、教唆犯の従属性ということを承認していた。例えば、宮城浩蔵氏は、『教唆者ヲ正犯トシテ罰スルニハ、其教唆シタル事件ノ決行アルヲ要ス』（刑法講義・明治一七年・六三一以下）とし、井上正一氏は『抑々我刑法ニ於テ教唆者ヲ正犯ト為シタルハ現ニ其実行ノ所為ナキニモセヨ畢竟其罪悪ヲ発意シ実行ノ種子ヲ蒔キタル者ナレハ、之ヲ正犯ト為サヾルヲ得ストスルニ在リ』『抑々刑法ニ於テ人ノ意志ヲ罰セストスル所以ハ他ナシ、実害ヲ社会ニ与ヘサレハナリ。今夫レ単ニ教唆ニ止マン乎、未タ実害ヲ社会ニ与ヘサルヲ以テ法律上之ヲ処罰スル事ナキモ、若シ単ニ教唆ニ止マラスシテ其教唆ノ結果進テ実害ヲ社会ニ与ヘタルニ至ラハ、固ヨリ之ヲ不問ニ措クノ理ナシ。何トナレハ、心意上ノ原素ハ身親シク之ヲ具ヘ、外形上ノ原素即チ所為ハ他人ニ伝意シテ之ヲ実行セシメタレハ、究竟自カラ二箇ノ原素ヲ充実シタリト云フモ亦敢テ不当ニ非サレハナリ』との理由により、『若シ教唆ノミアリテ之レニ伴フ所ノ社会ニ実害ヲ与フル所為ナキ時ハ、教唆者ノ所為自ラハ決シテ罰セラル可キ者ニ非ス。故ニ之ヲ罰センニハ必ス被教唆者ニ於テ実他ニ之ヲ執行シタルヲ要ス』(日本刑法講義・明治二一年・七三七)と主張している(同趣旨、岡田朝太郎・日本刑法論・明治二七年・一〇五四、小疇伝・日本刑法論総則・明治三九年・三七七、江木衷・現行刑法汎論・明治二一年・二二三、富井政章・刑法論綱・明治二二年・二四八、林正太郎・日本刑法博議・明治二二年・五六〇、古賀廉造・刑法新論・明治三一年・七三三)。

判例も、また、学説と同じように、教唆犯の従属性を認めている。

【2】「教唆ハ被教唆者カ重罪軽罪ヲ犯シタルニ因リ始メテ罪トナルモノナルヲ以テ被教唆者カ罪ヲ犯シタル場所ヲ以テ其教唆罪成立ノ場所トス」(明治三二・二・二一・二刑、大刑録五・二・九〇)。

しかし、判例は、被教唆者において犯罪行為を為せば以つて足り、さらに、進んで、被教唆者の処罰せられることまでを必要だとはしていない。

【3】「教唆罪ノ成立ハ被教唆者カ罰セラレタルト否トヲ問ハス苟モ人ヲ教唆シテ犯罪行為ヲ為サシメタル時ハ教唆者ノ罪ハ茲ニ成立スルモノニシテ必スシモ被教唆者ノ処罰ト相待テ初メテ其罪ノ成立スヘキモノニアラス」(大刑録、二刑、五・五・三七)。

右と同趣旨のものに、明治四一年五月一八日第二刑事部判決(大刑録、一四・五三九)がある。

(二) 第二期及び第三期、すなわち、現行刑法下の大審院時代においては、その第六一条で『人ヲ教唆シテ犯罪ヲ実行セシメタル者ハ正犯ニ準ス(一項)。教唆者ヲ教唆シタル者亦同シ(二項)』としたことから、やはり、旧法と同じく、通説・判例、ともに、教唆犯の従属性を認めている。例えば、勝本博士は、教唆犯が成立するには『犯人ノ行為ニ基キ他人カ犯罪ヲ実行シタル結果アルコトヲ要ス』とし、『(一) 他人カ罪ヲ犯シタルコトヲ要スルカ故ニ、自殺又ハ近親相姦等自体犯罪ヲ成サザルモノニ係ルトキハ、特別犯罪タルハ格別、教唆犯タルコトヲ得ス。(二) 他人ニ於テ罪ヲ犯シタル結果アルコトヲ要スルカ故ニ、単ニ罪ヲ教唆シタルニ過キサルトキ、更ニ一歩ヲ進メ、他人ヲシテ罪ヲ犯サンコトヲ決意セシムルモ未タ被教唆者ニ於テ之ヲ実行セサルトキ、否ナ尚ホ一歩ヲ進メ、正犯ニ於テ其決意ヲ実行シタルモ其行為カ未タ罪トシテ罰セラルヘキ程度ニ達セサルトキ、又ハ既ニ達シタルモ大赦アリタルカ為メ犯罪タルノ性質ヲ亡失シタルトキハ（或ル場合ニ於テ犯罪ヲ教唆スルト云フコトカソレ自身独立シタル一種ノ犯罪タルハ格別）教唆犯ト云フコトヲ得ス』（刑法要論総則・大正二年・四一七）とし、泉二博士も『教唆犯ハ其成立上正犯ニ附随ス。故ニ正犯ニシテ成立セサルトキハ教唆犯ヲ存セス。又一定ノ身分ヲ構成要素トスル犯罪ハ、其身分ヲ有スルモノニアラサレハ之カ正犯タルヲ得サルニ拘ハラス、身分ナキ者ト雖モ正犯ニ附随シテ教唆犯タルコトヲ得ヘシ』（日本刑法論・大正五年・五六三）と説いている。また、滝川博士は、教唆犯が成立するには、教唆の結果として『（一）　被教唆者が犯罪実現の決心を固めること、（二）　被教唆者がその決心を実現することの二つ』を要求し、従って、『被教唆者が犯罪実現の決心をしたが、犯罪実現に適する行動をとらない場合』には、教唆犯は成立しないとしている（刑法講義・昭和四年・一六九）。草野教授も、また、教唆犯の成立には、『被教唆者が教唆に応じて犯罪を決意し、且つ之を実行したことを要する。されば、被教唆者に於て犯罪を決意せざる場合は勿論、犯罪を決意しても未だ実行に出でざる場合は教唆犯は、成立しない。何となれば、教唆は教唆者と被教唆者とより成る共同意思主体成立上の過程行為であつて、被教唆者の教唆を応諾することに因りて共同意思主体が成立し、而して被教唆者が実行行為に出ずることに因りて始めて共同意思主体の活動があることになるからである』（刑法総則講義・昭和一〇年・二〇九）とすること上述のごとくである（同趣旨、小泉英一・刑法要論総論・昭和一八年・佐瀬昌三・刑法大意一分冊・昭和一二年・拙著・刑法総則大意・昭和一七年）。

これに対し、小野博士は『教唆犯の成立には、人を教唆して犯罪を実行せしめたることを要する』

『人を教唆して「犯罪を実行せしめたる」とは、教唆行為に因り被教唆者が犯罪を実行するに至りたることを謂ふ。犯罪の実行とは構成要件に該当する行為である。教唆行為あるも、被教唆者に於て犯罪を実行するに至らざるときは、教唆犯は成立しないのである』『被教唆者に於て「実行」行為、即ち構成要件に該当する行為ありたることは必要である。其の意味に於て従属性を有する。しかし、被教唆者に於て犯罪成立し、被教唆者が正犯として可罰なることは必要でない。其の意味に於て独立性を有する（限定されたる従属形式）』としている（刑法講義総論・昭和七年・一九七。同趣旨、佐伯千仭・刑法総論・昭和一九年・三二〇、三三九）。

判例も、やはり、この第二期及び第三期においても、教唆犯の従属性を認めている。

【4】「教唆罪ハ実行正犯ニ随伴シテ成立スルモノニシテ刑法第六十一条ニ依リ実行正犯ニ準シ同法第六十五条第二項ノ場合ヲ除クノ外常ニ実行正犯ト同一ナル罰条ノ適用ヲ受クヘキモノトス」（大正四・二・一六・一刑、大刑録二一・一〇九）。

従つて、教唆犯の罪数、場所及び公訴時効などは、すべて、正犯のそれに従属するとするのが判例である。後段八五頁以下参照。

ところが、この第二期以降において、以上と異り、少数ではあるが、有力な学者から、いわゆる教唆独立性論が主張されることになつた。すなわち、牧野博士は『通説ハ、教唆犯及従犯ヲ以テ正犯ニ従属スル犯罪ナリトス。即チ正犯カ成立スル場合ニ其成立ニ伴イテ成立スルモノナリト為スナリ。故ニ正犯カ責任能力又ハ犯意ヲ欠クカ、其他ノ事由ニ依テ成立セサルトキハ教唆犯及従犯モ亦成立セスト為スナリ。然レトモ予輩ハ共犯ヲ以テ行為共同ナリトスルノ説ヲ一貫シ、教唆犯及従犯モ亦他人ノ行為ヲ利用スルノ犯罪ナリト解スルカ故ニ、教唆犯及従犯ハ独立シテ成立スルコトヲ得ル犯罪ナリト解シ、所謂従属的犯罪ナル観念ヲ採ラス』（刑法通義・明治四二年・一五六）とし、『従属犯ナル観念ヲ認メサル結果トシテ、教唆及従犯ハ自己固有ノ犯罪ナリト観念セラル。即チ、教唆及従犯ハ、各自カ其ノ犯罪ニ他人ノ行為ヲ利用スルモノニシテ、自然力ノ利用ト其ノ趣ヲ異ニスル所ナシトセラルルナリ。従テ、従属犯ニ因ル責任ハ犯人固有ノ犯罪ニ因ル責任ナリ。又、従テ、従属犯ノ未遂ハ未遂トシテ取扱ハレサルヘカラサルコトト為ル』(日本刑法一分冊・大正五年・三七三)と説き、宮本博士も、また、教唆犯従属性説の基礎となつている因果関係中断論、刑罰拡張原因論及び社会的衝撃論(刑法大綱・昭和一〇年・二〇一参照)を検討した後(刑法学粋・昭和六年・四〇五参照)、『斯クノ如ク観察スルトキハ、教唆犯ノ理論モ亦一般ノ犯罪ト異ル所ナク、毫モ特別ノモノニアラス。即チ独立犯説ヲ以テ正当ト為ス所以ナリ』(刑法学粋四〇八)トシ、『教唆犯ハ独立犯ナル結果トシテ、教唆ニ著手スルハ教唆犯ノ実行ニ著手スルモノナリ。従テ被教唆者ノ行為ニ因リテ一定ノ類型的結果カ発生シタルトキハ、教唆犯ハ既遂ナルモ、被教唆者ノ行為カ結果ヲ発生スルニ至ラサルカ、又ハ被教唆者カ初ヨリ教唆ヲ肯ンセス、若クハ之ヲ肯ンスルモ未タ何等ノ行為ヲモ為ササル程度ニ於テハ教唆犯ハ未遂ナリ』(刑法学粋四一一)として、教唆独立性論を主張している。

学説のこのような一部の主張に促されて、大正一五年の『刑法改正ノ綱領』は、その第一六項で『教唆罪ヲ独立罪トスル規定ヲ設クルコト』とし、また、昭和二年の『刑法改正予備草案』も、その二七条で『人ヲ教唆シテ罪ヲ犯サシメムトシタル者ハ被教唆者其ノ罪ヲ犯スニ至ラサルトキト雖之ヲ罰ス但シ未遂犯ヲ罰セサル罪ニ付テハ此ノ限ニ在ラス(第一項)』と規定することになつた。しかし、昭和一五年の『改正刑法仮案』では、この点に関し、何等の規定も設けられることなく、そのまま、今日に及んでいる。

(三) 第四期においては、学説は、前期と同じように、教唆従属性論を採るものと、教唆独立性論を唱えるものとに二分されている。例えば、草野教授は共同意思主体説の立場から、滝川博士は構成要件論を基礎とし、依然、教唆従属性論を主張し、また、小野博士は、拡張的共犯論に立脚しつつ修正された従属性論を採つている（刑法概論・一七四、一七九、同趣旨、佐伯千仭・刑法総論・昭和二八年・一八〇・一八九）。これに反し、牧野博士をはじめ、主観主義刑法理論を奉ずる人々は、いずれも、一致して、教唆独立性論を主張している（牧野英一・刑法総論・昭和二六年・三八五・三九七、木村亀二・新刑法読本・昭和三〇年・二七八、江家義男・刑法総論・昭和二七年、一九一、八木胖・刑法総論・昭和二八年・二一九）。

判例は、第四期においても、大審院時代と異るところなく、依然、次のように、教唆従属性論を維持している。

【5】「被告人Bは第一審相被告人Aと共謀して、岡山刑務所医務課長甲を買収して乙のため同人が勾留に堪えられない旨の虚偽の内容の診断書を作成さしてこれを入手しようと決め、Aがその任に当ることになつたところ、Aは医務課長の買収が困難なのを知つて、寧しろ医務課長名義の診断書を偽造しようと決意し、第一審相被告人Dを教唆して本件診断書を作成偽造せしめたというのである。被告人Bの故意は、前記認定の如く、Aと共謀して医務課長をして虚偽の公文書を作成する罪（刑法第百五十六条の罪）を犯させることを教唆するに在る。しかるに現実には前記のような公文書を作成する公文書偽造の結果となつたのであるから、事実の錯誤の問題である。かかる場合にAのDに対する本件公文書偽造教唆について、被告人Bが故意の責任を負うべきであるか否やは一の問題であるが、本件故意の内容は刑法第百五十六条の罪の教唆であり、結果は同法第百五十五条の罪の教唆である。そしてこの両者は犯罪の構成要件を異にするも、その罪質を同じくするものであり、且法定刑も同じである。而して右両者の動機目的は全く同一である。いずれも乙の保釈の為めに必要な虚偽の診断書を取得する為めである。即被告人B等は最初その目的を達する手段として刑法第百五十六条の公文書無形偽造の罪を教唆することを共謀したが、結局共謀者の一人たるAが公文書有形偽造教唆の手段を選び、これによつて遂に目的を達したものである。それであるから、AのDに対する本件公文書偽造の教唆行為は、被告人BとAとの

公文書無形偽造教唆の共謀と全然無関係に行われたものと云うことはできないのであつて、矢張り右共謀に基づいてたまたまその具体的手段を変更したに過ぎないから、両者の間には相当因果関係があるものと認められる。然らば被告人Bは事実上本件公文書偽造教唆に直接に関与しなかつたとしてもなお、その結果に対する責任を負わなければならないのである。即ち被告人Bは法律上本件公文書偽造教唆につき故意を阻却しないのである。」（昭和二三・一〇・二三・二小廷、最刑集二・一一・一三八八）。

なお、昭和二五年七月一一日第三小法廷判決（最刑集四・七・一二六三、伊達秋雄・ある住居侵入窃盗を教唆した場合において被教唆者がこれと異る他の被害者に対して住居侵入強盗をしたときの教唆者の罪責・昭和二七年・警研二三・一〇・八六）がある。

二 教唆犯に関して問題となるのは、いわゆる『間接正犯』をもつて、教唆犯と解すべきか否かである。

（一） 第一期、すなわち、旧法下においては学説はこれを消極に解していたと考えられる。例えば江木衷博士は『不能力者ヲ教唆シテ罪ヲ犯サシメタル場合ニ於テハ、其教唆者即チ共犯ナルモノナカルヘシト雖、此場合ニ於テハ不能力者ハ只タ他ノ犯罪ノ器械トナリタルモノニシテ、不能力者ハ素リ犯罪ノ責任ナキモ器械トシテ之ヲ使用シタルモノハ犯者自身ノ自ラ犯シタル所為トシテ其責任ヲ負ヒ、決シテ教唆者タルノ性質ヲ有スルモノニアラス』（現行刑法汎論一二六）とし、岡田朝太郎博士も『数人共犯トハ数人連合シテ一罪ヲ犯スヲ謂フ。罪ヲ犯シタル数人カ連合シタルヤ否ヲ決セント欲スル時ハ其精神ニ立入リ、第一情ヲ知リシヤ否ヤ、第二共ニ犯サントスル故意アリシヤ否ヤ、ヲ審案セサル可カラス。情ヲ知ルトハ他人ノ行ハントスル所カ犯罪タルヲ知ルノ義ニシテ共ニ犯サントスル故意アルトハ好ンテ他人ト共ニ其事ヲ行ハントスル決心アルヲ謂フ。若シ其一ヲ欠カンカ連合シタルモノニ非ラス。連合セサレハ数人数罪成立スルトモ数人一罪即チ共犯成立スルコトナシ』（日本刑法論一〇二七）と説いて、いわゆる間接正犯の成立すべき場合を、教唆犯の成立する場合から区別しておられる（同趣旨、小疇伝・日本刑法論一〇二七）。

判例も、以上のごとき学説に対応し、消極説を採用する。

【6】「凡ソ共犯者ノ所為又ハ犯罪行為ニ付情ヲ告ケスシテ他人ニ或ル行為ヲ為サシメタル場合ハ其共犯者ノ一体又ハ犯罪者ニ於テ其刑責ヲ受クヘキコトハ当然ナリ」（明治二九・九・一八・一刑、大刑録二・八・二六）。

同趣旨のものに明治二九年七月一〇日第一刑事部判決（大刑録二・七・三九）、明治三〇年二月一八日第一刑事部判決（大刑録三・二・五九）、明治三七年一二月二〇日第一刑事部判決（大刑録一〇・二四一六）、明治三九年一〇月三〇日第一刑事部判決（大刑録一二・一一五二）がある。

（二）第二期においても、学説の多くは、これを消極に解していた。例えば、滝川博士は、『行為者が自然力・動物・乃至は他の道具を使用することは、犯罪の性質に影響を与えるものではない。この関係は、行為者が責任を負うべきでない者を利用する場合も同様である。行為者が責任を負うべきでない者を使嗾することは、道具としての利用にほかならないからである。学説においては、この行為者を間接正犯という。（中略）間接正犯の場合を例示する。(1) 継続的―、または、一時的責任無能力の状態にある者を利用する場合、(2) 被利用者は責任能力者であるが、問題の場合は、責任阻却原因があるため罰せられない場合、（中略）(3) 他人の犯罪を、本人の知らない間に利用、または、幇助する場合、(4) 目的を有しない者を利用して、目的犯を行う場合、(5) 上官が下僚の義務行為を利用して犯罪を行う場合』（刑法講義・昭和四年・一六〇）なりとし、『教唆犯と間接正犯は、他人を犯罪実現の道具とする点において、客観的事情を同じくする。即ち、両者は被使嗾者が責任を負うべき者であるか

（教唆犯）、負うべきでない者であるか（間接正犯）の点に、その差異があるに過ぎない』（上掲二六九）と説いている（同趣旨・島田武夫・日本刑法新論・昭和三年・三六一、久礼田益喜・刑法学概説・昭和五年・三三四）。

もっとも、この第二期においては、消極説を採る通説に反対する学説も、擡頭してきている。すなわち、牧野博士は、『主観主義ヲ基本トシテ刑法理論ヲ考フルトキハ、教唆ト間接正犯トヲ区別スルコトハ、不当ニ事態ヲ混雑セシムルニ過キサルモノニシテ無用ノ議論ナリト謂ハサルヘカラス』（日本刑法一分冊・昭和七年・四一二）として、共犯独立性説の立場から間接正犯概念を抹殺し、これを教唆犯と同視している。以上と異り、小野博士は、『共同責任の理念を基本とし、個人的責任の理念による個別化を認むるときは、教唆犯及び幇助犯は其の成立上被教唆者又は被幇助者が実行行為に出でたることを要する。其の実行行為なき限り教唆犯又は幇助犯として罰せられない。しかし、苟くも実行行為ある限りは、其の実行者の可罰なると否とに拘らず、教唆犯又は幇助犯として罰せらるべきものと考ふることを得るであらう。私は此の「限定されたる従属形式」を現行法の解釈として採ることを得ると信ずるものであ』る（刑法講義総論・昭和七年・一九一）として、いわゆる拡張的共犯論を主張し、間接正犯の一部を教唆犯と同一視せんとしている。

第二期における判例は、これら積極説の提唱あるにもかかわらず、引き続き次のごとく消極説を維持している。

【7】「被告ハ甲ヲ欺キ名ヲ貸借ニ藉リテ金五百円ヲ騙取スルニ際シ乙名義ノ連借証書及公正証書作成ノ委任状ヲ偽造シテ之ヲ甲ニ交付シ同人ヲシテ予期ノ如ク該委任状ヲ使用シ公正証書ヲ作成スルニ至ラシメタルモノニシテ旧刑法ニ於ケル公正証書偽造ノ罪又刑法ニ於ケル公務員ヲシテ公正証書ニ不実ノ記載ヲナサシメタル

罪ノ間接正犯ヲ以テ論スヘキモノナルニ付直接公正証書ノ作成ニ加功シタル事実アルヲ要セス従テ之ヲ認示セサルモ理由不備ノ違法アルコトナシ」（明治四四・五・四・一・二連合、大刑録一七・七五八）。

同趣旨の判例に、明治四二年一一月一五日第二刑事部判決（大刑録一五・一五八二）、大正三年五月一三日第三刑事部判決（大刑録二〇・八六六）、大正一〇年五月七日第三刑事部判決（大刑録二七・二五七）、昭和一一年二月一四日第四刑事部判決（大刑集一五・一一三、草野豹一郎・研究三・二一一、滝川幸辰判批二・一二九、牧野英一・研究七・五二三、同研究九・二二六）がある。

（三）　第三期における学説も、多くは消極説を採つている。例えば、草野教授は、共同意思主体説の立場より、教唆犯と間接正犯とを明瞭に区別して、次のごとく説かれている。すなわち、教唆犯の場合には、『二人以上の者の間に、一定の犯罪を行ふに付ての意思の合致を見るに至つたとき、始めて其処に犯罪団体が成立することになる。（中略）されば教唆は、此の意思の合致、換言すれば、団体成立に至るまでの対内的の行為に過ぎぬのであつて、断じて対外的な行為ではないのである。此の意味に於て、私は間接正犯に付ては、使用者の使嗾行為を犯罪の実行と解すべきも、教唆犯に付ては、教唆者の教唆行為を犯罪の実行行為と解すべきでない』（法協五五・四・六九二）とせられ、他方、間接正犯の場合には、『間接正犯の間接正犯たる特質が、責任能力なき又は犯罪の故意なき他人を器具機械として使用して罪を犯すことにあるとするならば、間接正犯に於ける実行行為は使用者に就て論ずるのが正当であるのではあるまいか。他人を器具機械として使用することを是認する以上、其の他人は弓矢と同じことで、矢が弦を離れて飛んで行くことが自然現象ならば、器具機械たる被使用者の示唆に応じて挙動することも、亦自然現象でなければならぬ』（上掲六八四）と説いておられる。従つて『教唆犯を以て、教唆者と被教唆者とより成る共同意思主体と解するに於ては、教唆犯は之を所謂間接正犯と厳に区別せねばならぬ』（草野豹一郎・刑法講義・昭和一〇年・二一三）ということになるのである（同趣旨・佐瀬昌三・刑法大意二三九、小泉英一・刑法要論二七〇）。

判例も、また、このような学説と同趣旨に出ている。

【8】「不法監禁罪ノ成立スルニハ犯人カ不法ニ他人ノ行動ノ自由ヲ束縛シ之ヲシテ事実上一定ノ場所外ニ脱出スルコトヲ得サラシムル状態ニ置クヲ以テ足リ犯人自ラ監禁ノ行為ヲナササルモ情ヲ知ラサル第三者ヲ利用シ其ノ者ヲシテ之ヲ行ハシムルヲ得ヘク此ノ場合犯人ニ於テ其ノ罪責ヲ負フヘキハ当然ナリトス」（昭和一四・一一・四・一刑、大刑集一八・五〇二、小野清一郎・刑釈二・二三五）。

同趣旨、昭和一五年四月二日第四刑事部判決（大刑集一九・一八一、吉田常次郎、刑法第一五六条と間接正犯・昭和一六年・新報五一・一・一一九、小野清一郎・刑釈三・七七）。

もっとも、判例のこのような消極説に反対する学説も見受けられる。例えば、佐伯博士は、前述のような小野博士の拡張的共犯論をさらにおし進め、制限的正犯概念を徹底化して、間接正犯を広く共犯中に包摂しようと試みている。すなわち、この見解によれば、正犯者に責任要素が欠缺していても、なお、教唆犯は成立し得ることになるのである。この点に関し、博士は、『以上の（佐伯博士の説く）教唆の観念は上述せる如く判例及び通説のそれと著しく異つている。判例は「刑法ニ所謂教唆トハ犯罪能力アル他人ヲシテ一定ノ犯罪ヲ実行スルノ意思ヲ生セシムルノ義」なりとし「責任無能力者若ハ犯意ナキ者又ハ意思ノ自由ヲ抑圧セラレタル者ノ行為ヲ利用シテ或犯罪ノ特別構成要件タル事実ヲ実現セシムル場合」は間接正犯であるとしてゐるし、学説も多くそれに従つてゐるのである。我々がそれにも拘らずこれ等を共犯（特に教唆犯）の中に解消するのは上述の如き刑法典の全体的構造がそれを要請するからである』（刑法総論・昭和一九年・三四〇）とし、従来の見解はある間接正犯的場合を教唆犯と解して疑つていないが、されば爾余の間接正犯的場合をも教唆犯と解して不可はない筈であると主張し、また、従来の見解は不自然な技巧的説明に堕する傾向にあると非難している（上掲二四一）。

（四） 第四期においても、判例は、依然として消極説を採つている。

【9】「原判決の認定事実は、判示会社の代表取締役である被告人がAと共謀の上被告人の娘Bを介して会社の使用人Cに命じて同人を自己の手足として判示米を自ら運搬輸送した趣旨であつて、Cを教唆し（中略）た趣旨でないことが明白である。そして、かく認めることは、挙示の証拠に照し社会通念上適正妥当である。従つて、C等がその情を知ると否とにかかわらず被告人の行為が運搬輸送の実行正犯たることに変りはないのである。」（昭和二五・七・六・一小廷、最刑集四・七・一一八〇、高田義文・会社の代表取締役がその情を知る会社使用人に米を運搬させた行為と食糧管理法違反の責任、警研二三・一二・六四）。

これに反し、学説は区々に分れている。すなわち、草野教授（刑法総則講義一分冊一七二）、滝川博士（犯罪論序説・昭和二七年・二四三）等は、依然、従来の通説としての消極説を主張し、これに反して、牧野博士（刑法総論・昭和二七年・四一一）は、その共犯独立性説の立場から積極説を採用し（木村亀二・新刑法読本・昭和三〇年・二七〇、市川秀雄・刑法総論・昭和三〇年・一五一、江家義男・刑法総論・昭和二七年・一八六参照）、また、小野博士（刑法概論九一）、佐伯博士（刑法総論一八八）等は、前述のごとき立場から、折衷的見解を採つている。なお、最近、制限従属形態による共犯の従属性を認めながら、従来の間接正犯を一部は教唆犯、他は正犯の中に包摂させることによつて妥当な結論を得ようとする新らしい立場がある。いわゆる目的行為論に基ずく行為支配説の見解であつて、井上博士は、『自分じしんの身体的挙動によつて結果が発生したか否かということは、規範的なるべき正犯行為の決定に必要なことではない。行為は主観＝客観の全体であるのみならず、その客観的要素は身体的な挙動態度として、一つの意志的態度である。その客観的態度をも支配し方向ずける意志の「強さ」・「はたらき」が考慮されなくてはならない。かかる「強さ」・「はたらき」をもつ行為が結果に対し「支配的」なるとき、そこに正犯が成立する。（中略）被利用者に行為に対する規範的評価が生じ、ときによつては因果の関連をせき止め得るが如き場合には、利用者に完全な行為支配の可能性を認め得ない。かかる場合には利用者は正犯ではなく教唆犯と考えられなくてはならない。しかし、被利用者に規範的支配が存する場合に利用者を教唆犯として論じるのは、利用者の行為と結果との間に存する因果関係が、被利用者の行為によつて中断されるからではない。かような場合にも、利用者の行為と結果との間の因果の関連は否定され得ない。必要なことは、利用者に行為支配の可能性が存しないということであつて、行為支配の有無が正犯と共犯とを限界ずける』と主張している（刑法学総則・昭和二六年・二二二、同趣旨・平場安治・刑法総論講義・昭和二七年・一五〇。なお、大塚仁・間接正犯の正犯性・昭和二八・三〇年・刑法四・二、五・三参照）。

三　ここで、教唆犯の要件を判例を中心に説述すれば、次のごとくである。

（一）　第一に、人を教唆することを要する。ここに『教唆』とは、責任能力ある他人をして、一定の犯罪を実行する決意を生ぜしめることをいう。

【10】「刑法ニ所謂教唆トハ犯罪能力アル他人ヲシテ一定ノ犯罪ヲ実行スルノ意思ヲ生セシムルノ義ニシテ其方法如何ハ問フ所ニアラス」（大正八・六・二〇・一刑、大刑録二五・七九〇）。

従つて、犯行の故意を決定させるのでなく単に他人の既発の犯意を強固にさせるにすぎないものは、教唆犯ではなく、幇助犯である。

【11】「助言ヲ以テ他人ノ犯罪ニ加功シタル場合ニ於テ該助言カ他人ヲシテ犯行ノ故意ヲ決定セシメタルモノトスレハ之ヲ教唆罪ニ問擬ス可ク之ニ反シテ特ニ他人ノ犯意ヲ決定セシムルコトナク単ニ他人ノ既発ノ犯意ヲ強固ナラシメタルニ止マルモノトスレハ之ヲ従犯ニ問擬ス可キハ亦明白ナリ」（大正六・五・二五・一刑、大刑録二三・五二六）。

教唆は、従前の判例の説くがごとく、その方法の如何を問わないのであるから、その明示的なると暗示的なると、直接なると間接なるとも、また、これを問わないのである。

【12】「刑法ニ所謂教唆行為ノ成立ニ人ヲシテ一定ノ犯罪ヲ決意実行セシムルノ意思アルコトヲ要スルハ所論ノ如クニシテ教唆犯ニ造意犯ノ称アルニ依リテモ之ヲ知ルヲ得ヘシ然レトモ法律ハ教唆ノ方法ニ何等ノ制限ヲ設クル所ナキヲ以テ苟クモ犯意ナキ者ニ対シ一定ノ犯罪ヲ決意実行セシムルノ意思ヲ以テ示唆スルニ於テハ縦シヤ其ノ示唆カ明示的ノモノニ非スシテ暗示的ノモノニ過キサルトキト雖之ヲ教唆ト解シテ毫モ妨ナキモノト謂ハサルヘカラス」（昭和九・九・二九・三刑、大刑集一三・一二五三）。

同趣旨のものに、明治四二年七月三〇日休暇部判決（大刑録一五・一〇七三）、明治四二年一二月一六日第二刑事部判決（大刑録一五・一七九五）、明治四三年六月二三日第二刑事部判決（大刑録一六・一二八〇）、大正五年九月一三日第三刑事部判決（大刑録二二・一三三五）、昭和二年二月一五日第一刑事部判決（大刑集六・三三）、昭和二六年一二月六日第一小法廷判決（最刑集五・一三・二四八五）などがある。

そして、教唆は、それが嘱託である場合にも然りとせられる。

【13】「教唆ニ関スル刑法第六十一条ノ規定ニハ教唆ノ方法ニ付制限ヲ付セサルヲ以テ嘱託モ亦教唆ノ一方法トシテ認メラレタルモノト解スヘキナリ」（明治四二・一二・一六・二刑、大刑録一五・一八二五）。

また、威嚇である場合にも然りとせられる。

【14】「偽証教唆罪カ成立スルニ付其ノ手段方法ハ法律上一定セサルカ故ニ所論ノ如ク犯人カ被教唆者ニ対シ甘言ヲ以テ之ヲ誘導スル場合ニ於テノミナラス判示ノ如ク被教唆者ヲ威嚇シテ虚偽ノ事実ヲ陳述セシムル場合ニ於テモ成立スルモノトス」（昭和二・二・一五・一刑、大刑集六・三七）。

なお、教唆の当時実行者の特定していたことも必要でない。

【15】「凡ソ教唆罪ノ成立スルニハ教唆ノ結果トシテ何者カ当該犯罪ヲ実行スルニ至ルノ事実アリ且教唆者

カ之ヲ予見シタル事実アルヲ以テ足ルモノニシテ教唆ノ当時ニ於テ実行者ノ特定セルコトヲ要スルモノニアラス」（大正六・五・二三・三刑、大刑録二三・四九四）。

教唆の当時犯罪の目的が存在していない場合も同様である。

【16】「犯罪ノ教唆ハ該犯罪ノ目的カ其教唆当時存在セサルモ該目的ノ現出ヲ条件トシテ犯罪ノ実行ヲ教唆シ而シテ其教唆ニ依リ該犯罪実行セラルルニ於テハ教唆罪ハ当然成立ス故ニ原判示事実ノ如ク被告カ懐妊ノ婦女ニ対シテ分娩後其生児ヲ殺害スルコトヲ教唆シタル為メ産婦カ其教唆ニ従ヒ生児ヲ殺害シタル以上ハ仮令被告ノ教唆ハ分娩前ニアリト雖モ被告ノ所為ハ殺人教唆罪ヲ構成スルニ依リ同罪ノ罰条ヲ問擬シタル原判決ハ相当」ナリ（明治四四・六・一五・二刑、大刑録一七・一一八〇）。

右と同趣旨のものに、大正三年一〇月九日第三刑事部判決（大刑録二〇・一三八九）がある。

しかし、教唆犯は一定の犯罪を実行する決意を生ぜしめるものであるから、漫然と犯罪を為すべしと命ずるようなのは、教唆犯ではない。

【17】「教唆犯ノ成立ニハ教唆者カ被教唆者ニ対シテ一定ノ犯罪行為ヲ為スヘキコトヲ指示スルコトヲ要スルモノナルカ故ニ他人ニ対シテ其ノ如何ナル犯罪行為ヲ為スカニ付特定セル認識ヲ有スルコトナク漫然犯罪ヲ為スヘシ若ハ窃盗罪ヲ犯スヘシト命スルカ如キハ教唆犯ヲ以テ論スルコトヲ得サルモノトス」（大正三・三・三一、二刑、大刑集三・二五八）。

なお、判例は、共謀による共同正犯を是認したのと同じように、共謀による教唆犯というものを認めている。

【18】「共謀者中ノ一人ノ犯罪行為ニ就テハ他ノ共謀者亦其責ニ任セサル可ラサルコトハ当院判例ノ認ムル所ナリ而シテ原院ノ認定ニ依レハ甲乙ハ丙丁等ト共ニ戌ヲ教唆シ窃盗ヲ為サシメント協議シ丙丁ハ其協議ニ従

ヒ戊ヲ教唆シテ窃盗ヲ為サシメタルモノナレハ原院カ甲乙ヲ丙丁等ト等シク窃盗教唆罪ニ問擬シタルハ相当」ナリ（明治四一・五・一八・二刑、大刑録一四・五六三）。

右と同趣旨のものに、昭和六年一二月一八日第四刑事部判決（大刑集一〇・七九三）、昭和二三年一〇月二三日第二小法廷判決（最刑集二・一一・一三八六・二小廷、小野清一郎・刑釈一〇・四〇）がある。

なお、注意すべきは、刑法六一条二項が『教唆者ヲ教唆シタル者亦同シ』としている点である。すなわち、教唆者を教唆した者は正犯に準ずという意味である。例えば、甲が乙に対し丙を教唆して犯罪を実行せしめることを教唆する場合のごときがこれである。問題となるのは、甲が乙に対し犯罪の実行を教唆したところ、乙はみずから犯罪の実行をなさず、さらに丙を教唆して犯罪を実行せしめた場合を如何に解するかである。この点に関しては、次のような判例がある。

【19】「刑法第六十一条第二項ニ所謂教唆者ヲ教唆シタル者トハ他人ニ対シ第三者ヲ教唆シテ犯罪ヲ実行セシムヘキコトヲ教唆シ以テ其ノ第三者ヲシテ其ノ犯罪ヲ実行スルニ至ラシメタル者ノミナラス他人ヲ教唆シテ犯罪ノ実行ヲ決意セシメタルモ被教唆者自ラ実行セス更ニ第三者ヲ教唆シテ実行セシメタル場合ニ於ケル第一ノ教唆者ヲモ指称スト解スヘキモノトス蓋シ右後段ノ場合ニ於テモ犯罪ハ第一ノ教唆行為ニ胚胎スルモノニシテ此ノ教唆ナカリセハ犯罪ハ実行セラレサリシモノナレハ第一ノ教唆行為ト犯罪実行トノ間ニハ因果的連絡アリ且其ノ実行ハ固ヨリ第一教唆者ノ予期ノ結果ヲ生シタルモノニ外ナラサルヲ以テ其ノ間第二ノ教唆行為ノ介在スルアリト雖之カ為ニ因果関係ハ中断セラルルモノト謂フヘカラス倘第三者ヲ教唆シテ犯罪ヲ実行セシメタル者（第一ノ被教唆者）カ教唆者ナルコト言ヲ俟タス従テ第一ノ教唆者ハ之ヲ教唆者ヲ教唆シタルモノト称スルニ何等ノ支障アルコトナシ加之之ヲ前段ノ場合ニ於ケル第一ノ教唆者ニ比スルニ其ノ刑事責任ニ逕庭アルヘキノ理由ナケレハナリ」（昭和六・一二・一八・四刑、大刑集一〇・七九七）。

問題となるのは、刑法六一条二項には再間接教唆以上の場合をも包含するか否かである。これを肯定するものに、大正一一年三月一日第三刑事部判決がある（大刑集一・一〇一・宮本英脩・間接教唆の処置・解釈的立法・大正一二年・法叢九・二・一〇八、牧野英一・研究三・二二一、草野豹一郎・研究一・三四六）。

なお、間接教唆者の罪数につき、次のものがある。

【20】「同一訴訟事件ニ付数名ニ対シテ偽証ヲ教唆シタルトキハ証人ノ員数ニ応シテ数罪成立シ併合罪トシテ処断スヘク連続ノ一罪又ハ牽連ノ一罪ヲ構成スヘキモノニ非サルコト本院ノ屢々判例トスル所ナリ故ニ右事件ニ於テ教唆者ヲ教唆シタル者ニ付テモ亦同一ニ論結スヘキモノナルコト更ニ絮説ヲ要セス」（昭和一二・五・二九・三刑、大刑集一六・八三〇、吉田常次郎・教唆者を教唆したる者の罪責・昭和一二年・新報四七・二・一七九四）。

（二）　第二に、人をして犯罪を実行させることを要する。言いかえれば、被教唆者が犯罪を決意し、この決意にもとずいて犯罪を実行することを要する。被教唆者が犯罪を実行することになると、ここに、教唆者についても、当該犯罪に対する教唆犯が成立することになるのである。けだし、共同意思主体説によるときは、教唆は、教唆者と被教唆者とより成る共同意思主体成立上の過程行為であつて、被教唆者の教唆を応諾することによつて共同意思主体が成立し、被教唆者が実行行為に出ずることによつて、初めて共同意思主体の活動があることになる、とするのである。すなわち、被教唆者が教唆に応じて犯罪を決意しない場合はもちろん、犯罪を決意しても未だ実行に出でない場合は、教唆犯は成立しないのである。これに反して、実行に出でた場合は、教唆犯は正犯に従属して成立するのである。

【21】「教唆罪ハ実行正犯ニ随伴シテ成立スルモノニシテ刑法第六十一条ニ依リ実行正犯ニ準シ同法第六十五条第二項ノ場合ヲ除クノ外常ニ実行正犯ト同一ナル罰条ノ適用ヲ受クヘキモノトス」（大正四・二・一六・一刑、大刑録二一・一〇九）。

このように、教唆犯は、正犯に従属して成立する結果、教唆犯の罪数、場所、公訴時効も、また、正犯のそれに従属するものとせられるのである。

(1) 教唆犯の罪数に関する判例には次のものがある。

【22】「教唆罪ハ実行正犯ニ随伴シテ成立スルモノナレハ二箇ノ殺人罪ヲ教唆シ而シテ正犯カ之ヲ実行シタルトキハ縦令其教唆カ同時ニ出テタルトキト雖モ二箇ノ教唆罪ヲ構成スルヤ言ヲ俟タス」（明治四四・一一・一〇・一刑、大刑録一七・一八六六）。

同趣旨のものとしては、大正五年六月三〇日第一刑事部判決（大刑録二二・一二二〇、牧野英一・研究一・一二一）、大正五年九月一九日第一刑事部判決（大刑録二二・一三八九）、大正九年七月二一日第三刑事部判決（大刑録二六・五六七）、大正一二年三月一五日第二刑事部判決（大刑集二・二一八）、大正一五年一〇月二九日第一刑事部判決（大刑集五・四七五）、昭和九年四月五日第二刑事部判決（大刑集一三・三八〇、山川淙太郎・犯意を継続して二人を教唆し偽証せしめたる行為の罪数・昭和一〇年・志林三七・一・九五）などがある。もっとも、右と異って、次のごとく説くものがある。

【23】「二人ヲ同時ニ教唆シテ一箇ノ犯罪ヲ実行セシメタル場合ニ於テハ教唆罪ハ単タ一箇ニシテ実行正犯ノ数ニ従ヒ二箇ノ教唆罪成立スルコトナキハ勿論一ノ行為カ二箇ノ教唆罪ニ触ルル場合ニ該当セサルハ是レ疑ヲ容レサル所ナ」リ（大正八・六・二〇・一刑、大刑録二五・七九九）。

右と同趣旨のものとしては、明治四四年一一月一六日第二刑事部判決（大刑録一七・一九八四）、大正一四年七月二〇日第二刑事部判決（大刑集四・四九五）などが挙げられる。なお、昭和一一年一一月六日第四刑事部判決（大刑集一五・一三八七）。もっとも、この場合、判例は、「一箇の犯罪」を「一箇の行為」として把握しているもののようである。

【24】「被告カ一面懐胎ノ婦女ヲ教唆シテ堕胎ノ決意ヲ為サシメ他面医師ヲ教唆シテ同婦女ニ対スル堕胎手術ヲ行フヘキ決意ヲ為サシメ因テ一箇ノ堕胎行為ヲ遂行セシメタル場合ニ於テハ其前者ニ対スル教唆行為ハ刑法第六十一条第一項第二百十二条ニ後者ニ対スル教唆行為ハ同第六十一条第一項第二百十四条前段ニ該当スル所元来被告ノ行為ハ二人ヲ教唆シテ一箇ノ堕胎行為ヲ実行セシメタルニ過キサレハ包括的ニ之ヲ観察シ重キ後者ニ対スル刑ニ従フモノナルモ被告ハ医師タル身分ナキモノナルヲ以テ同第六十五条第二項ニ依リ同第二百十三条前段ノ刑ヲ科スヘキモノトス」（大正九・六・三・二刑、大刑録二六・三四八、草野豹一郎・研究一・二九三）。

右の外、教唆と罪数に関する判例のうち、注目すべきものに明治四二年一〇月二八日第二刑事部判決（大刑録一五・一四七二）、明治四二年一二月一六日第二刑事部判決（大刑録一五・一七九五）、大正二年一〇月二一日第一刑事部判決（大刑録一九・一〇〇〇）、大正八年八月四日第二刑事部判決（大刑録二五・九一二）がある。

(2)　教唆犯の場所に関する判例には次のものがある。

【25】「犯罪ノ教唆ハ其教唆ノ意思実行アルノミヲ以テ直ニ成立スルモノニ非ス、其教唆シタル正犯ノ犯罪行為実行セラレテ始メテ教唆罪完成スルモノナレハ、正犯ノ場所ヲ以テ教唆ノ場所ト看做スヘキモノナレハナリ」（明治四三・九・二六、二刑、大刑録一六・一五四六）。

同趣旨のものとしては、明治三二年二月二一日第二刑事部判決（大刑録五・二・九〇）、大正四年一〇月二九日第一刑事部判決（大刑録二一・一七五一、牧野英一・研究一・三八）、大正一一年九月八日第一刑事部判決（大刑集一・四二七）などがある。

(3)　教唆犯の公訴時効に関する判例には次のものがある。

【26】「元来教唆罪ハ一旦其行為アリタル以上ハ被教唆者ノ行為ニ伴フテ其責ニ任スヘキ性質ヲ有スルモノナルカ故ニ縦シ本案ニ於テ被告ノ教唆行為ハ単ニ一回ナリトスルモ其罪責ハ当然被教唆者ノ行為ニ随伴ス可ク従テ其時効ノ起算点亦之レト同一ニ論定セサルヘカラス」（明治四四・七・一四、一刑、大刑録一七・一四四六）。

四　教唆犯の処罰は、『正犯ニ準ス』るものとする。すなわち、実行正犯と同一法定刑の範囲内において処罰せられるのである。

【27】「刑法第六十一条ニ人ヲ教唆シテ犯罪ヲ実行セシメタル者ハ正犯ニ準ストアルハ教唆者ニ対シテハ罪ヲ実行シタル者ト同一法定刑ノ範囲内ニ於テ処罰ストノ意ニシテ共同正犯ノ間ニ於テモ其犯罪情状ノ異ルニ従ヒ刑ノ量定ニ差異アルカ如ク正犯ト教唆者トノ間ニ於テモ共所犯情状ニ因リ刑ノ量定ニ差異ヲ生スルコトアルハ当然ニシテ且教唆者ニ対シテ実行者（正犯）ニ科シタル刑ヨリモ重キ刑ヲ量定スル場合ニ於テ之カ理由ハ必スシモ判文ニ説示スルノ要ナ」し（明治四三・一二・九・一刑、大刑録一六・二一四五）。

同趣旨のものに、昭和二五年一二月一九日第三小法廷判決（最刑集四・一二・二五八六）がある。

（一）　右に関連して問題となるのは、教唆者が処罰せられるためには、正犯者の処罰せられることを要するか否かである。共同意思主体説の創唱者であられる草野教授のこの点に関する見解には時の推移に従つて重要な修正が加えられた。はじめ、教授は成立上の従属性を肯定し、処罰上の従属性を否定するという立場を採つておられたが、のち、これを改め、共犯の連帯性ということを提唱されて、共犯の成立上の従属性も、その処罰上の従属性も、ともに、これを是認するというのと同じ立場に移行された（草野豹一郎・刑法改正上の重要問題・二八二）。

しかし、共犯の連帯性ということは、果して妥当であろうか。疑いなきを得ないものがある。何故なら、刑法は、人間――自由意思の主体としての個々の人間（拙稿、刑事責任と自由意思・昭和二四年・法哲学四季報二・九九参照）――を名宛者とするからであり、小泉博士の説くがごとく、『刑罰は自然人たる個人を対象とする。特にその意思を対象とするものなるが故に、その責任の帰属はまた個別化せらるべきである。即ち共同者の責任は其の各自の身分、共同加功の程度の深浅、刑罰の加重減免の原由の存否によりて個別的に観察せらるべきである』（小泉英一・改訂刑法要論総論・昭和一八年・二四二）からである。共犯関係の成立と責任阻却事由の脱落とは、区別して考察すべきものである。従つて、共犯関係の成立によつて、当然に、責任阻却事由も脱落する、と解すべきではない。私は、前述のごとく、共犯関係の成立については、共同意思主体の活動と同時に全構成員の犯罪が一体となつて成立するという見解をとるのであるが（共犯成立上の一体性）、共犯者の処罰については、これを共犯関係成立の問題と区別し、共犯者各人について責任を個別的に考察すべきものと考えるのである（共犯処罰上の個別性）（拙著、共犯理論の研究、一九〇参照）。

（二）　さらに、教唆犯の処罰に関し問題となるのは、その錯誤の存する場合である。例えば、ある被害者に対する住居侵入窃盗を教唆したところ、被教唆者がこれに基いて他の被害者に対する住居侵入強盗をした場合には、教唆者は、後者の罪については、住居侵入窃盗の範囲において教唆犯としての責を負うべきか否かである。次のような判例がある。

【28】　「被告人BはAに対して判示甲方に侵入して金品を盗取することを使嗾し、以て窃盗を教唆したものであつて、判示日備電気商会に侵入して窃盗をすることを教唆したものでないことは正に所論の通りであり、しかも、右Aは、判示C等三名と共謀して判示日備電気商会に侵入して強盗をしたものである。しかし、犯罪の故意ありとなすには、必ずしも犯人が認識した事実と、現に発生した事実とが、具体的に一致（符合）することを要するものではなく、右両者が犯罪の類型（定型）として規定している範囲において一致（符合）することを以て足るものと解すべきものであるから、いやしくも右Aの判示住居侵入強盗の所為が、被告人Bの教唆に基いてなされたものと認められる限り、被告人Bは住居侵入窃盗の範囲において、Aの強盗の所為について教唆犯としての責任を負うべきは当然であ」る（昭和二五・七・一一・三小廷、最刑集四・七・一二六三）。

しかし、結果的加重犯については、右と異るものの存することを注意しなければならない。すなわち、暴行を教唆し致死・致傷の結果を生ぜしめたような場合には、教唆者も亦その発生せる結果につき責任を負うものとする。

(1) 暴行致傷については次のような判例がある。

【29】「苟モ他人ニ対シテ暴行ヲ加フヘキコトヲ教唆シタル以上ハ仮令傷害ノ結果ニ付之ヲ認識セサルモ被教唆者カ為シタル暴行ノ結果ニ付其ノ責ニ任スヘキハ勿論」なり（大正一一・一二・一六・三刑、大刑集一・七九九）。

同趣旨の判例に、明治四三年一二月九日第一刑事部判決（大刑録一六輯二一三九）、昭和六年一二月一八日第四刑事部判決（大刑集一〇・七九三）がある。

(2) 暴行致死については次のような判例がある。

【30】「凡ソ人ノ身体ヲ不法ニ侵害スル認識ヲ以テ為シタル意思活動ニ因リ人ヲ死ニ致シタルトキハ傷害致死罪ヲ構成スルモノトス故ニ傷害致死罪ニ在テハ他人ニ対シ唯暴行ヲ加フルノ意思アルヲ以テ足レリトシ人ヲ死ニ致スノ故意ナキコトヲ要スルヤ論ナシ若シ夫レ人ヲ死ニ致スノ故意アルニ於テハ殺人罪ヲ構成スルニ至ルヘケレハナリ是ヲ以テ苟モ人ヲ教唆シテ他人ニ暴行ヲ加ヘシメタル以上ハ其ノ暴行ノ結果他人ノ身体ヲ傷害シ因テ死ニ致シタルニ於テハ教唆者ハ傷害致死ノ罪責ニ任セサルヘカラサルヤ事理ノ当然ト謂フヘシ」（大正一三・四・二九・六刑、大刑集・三・三八九）。

同趣旨のものに、昭和六年一〇月二三日第一刑事部判決（大刑集一〇・四七〇）がある。

また、旧法下、殴打創傷罪の教唆犯に関するものに明治三二年一二月八日第二刑事部判決（大刑録五・一一・一九）があり、強盗傷人の教唆犯に関するものに、明治四二年五月一一日第一刑事部判決（大刑録一五・五八一）がある。

なお、注意すべきは、非本質的な錯誤、例えば、手段・目的物・被害者等の錯誤は、一般に、罪責に対し影響を与えないということである。判例も、同一の見解に出でている。

【31】「教唆ハ犯罪能力者ニ対シテ一定ノ犯罪ヲ実行スル意思ヲ生セシメ因リテ該犯罪ヲ実現セシムルヲ以テ成立ス具体的ニ犯罪実行ノ手段方法其他犯罪ノ場所、時期又ハ目的物等ヲ限定スルコトヲ必要トセス而シテ教唆者ニ於テ上叙ノ事項ニ付キ指定シタル場合ニ在テ被教唆者カ其指定ニ違背シ教唆者ノ意思ト被教唆者ノ実行行為トノ間ニ於テ齟齬アリタルトキト雖モ被教唆者カ指定ノ違背ニ付キ認識アリタリト否トヲ論セス苟モ教唆セラレタル一定ノ犯罪行為ヲ実現セシメタル以上ハ仍ホ教唆罪ノ成立ヲ妨ケス」(大正九・三・一六・一刑、大刑録二六・一九〇)。

さらに、なお、強盗の教唆にもとずき被教唆者の現に奪取したる目的物が教唆者の指示に異なる一事は教唆者の責任に影響を及ぼすものに非ず、とするものに、明治四五年五月一七日第一刑事部判決(大刑録一八・六一二)がある。

(三) また、さらに問題となるのは、刑事被告人が他人を教唆して自己の刑事被告事件に関する証憑を湮滅せしめた場合を如何に解するかである。判例は、古くから、教唆者たる刑事被告人について教唆犯の成立を認めていた。

【32】「刑法第百四条ノ罪ハ他人ノ刑事被告事件ニ関スル証憑ヲ湮滅シ又ハ偽造変造シ若クハ偽造変造ノ証憑ヲ使用スルニ依リテ成立スルモノナレハ苟モ他人ノ刑事被告事件ニ関シ此等ノ行為ヲ為シタル以上ハ縦令刑事被告人ノ教唆ニ因リ被告人ノ為メ之ヲ為シタル場合ト雖モ尚ホ同条ノ罪ヲ構成スヘク従テ之ヲ教唆シタル刑事被告人ハ該罪ノ教唆者トシテ論スヘキモノトス」(明治四五・一・一五、二刑、大刑録一八・六)。

同趣旨のものとしては、昭和一〇年九月二八日第一刑事部判決(大刑集一四・九九七)がある。なお、旧法下の判例としては、明治三五年八月二九日休暇部判決(大刑録八・七・八三)がある。

この理は、刑事被告人が証人を教唆して自己の刑事被告事件に関し偽証をなさしめた場合にもあてはまる。

【33】「被告人カ自己ノ刑事被告事件ニ付虚偽ノ陳述ヲ為スモ何等ノ犯罪ヲ構成スルモノニ非サルコト洵ニ所論ノ如シト雖是レ決シテ右虚偽ノ陳述ヲ為ス行為ヲ目シテ被告人ノ権利ニ属スルモノト解スルカ為ニ非サルハ勿論条理違反性ヲ有セサルモノト解スルカ為ニモ非スシテ唯被告人タルノ身分ニ顧ミテ真実ノ陳述ヲ為スヘキコトヲ期待スルコトノ不可能事ニ属スルカ故ニ責任阻却事由アル一場合トシテ法律上之ヲ不問ニ付スルノミサレハ此ノ如キ責任阻却ノ事由ハ被告人単独ニテ虚偽ノ陳述ヲ為ス場合ニノミ認メラルヘキモノニシテ他人ヲ教唆シテ虚偽ノ陳述ヲ為サシムル偽証教唆ノ如キ場合ニマテ拡張セラルヘキモノニ非ス蓋シ被告人ノ教唆ニ因リテ偽証シタル他人専ラ刑セラレ之ヲ教唆シタル被告人独リ免ルルカ如キハ国民道義ノ観念上許サルヘキコトニ非サレハナリ従来本院判例カ刑事被告人ニ於テ自己ノ刑事被告事件ニ付他人ヲ教唆シテ偽証セシムルハ弁護権ノ範囲ヲ逸脱シタルモノトシテ其ノ刑責ヲ認メサルヘカラスト為ス所以ハ全ク此ノ謂ニ外ナラス然ルニ被告人自ラ自己ノ刑事被告事件ニ付虚偽ノ陳述ヲ為スモ罪ト為ラサル以上他人ヲ教唆シテ偽証セシメタレハトテ刑責ヲ負フ理由ナシト主張スル所論ノ如キニ至リテハ畢竟国民道義観念ニ徹セサル囈語ノミ」(昭和一一・一一・二一・三刑、大刑集一五・一五〇九、批評前出)。

同趣旨のものとしては、明治四二年九月二三日第二刑事部判決(大刑録一五・一一六一)、大正六年七月九日第二刑事部判決(大刑録二三・八四八)などがある。

また、犯人が他人を教唆して自己を隠避せしめた場合も、事は同様である。

【34】「犯人カ其ノ発見逮捕ヲ免レントスルハ人間ノ至情ナルヲ以テ犯人自身ノ単ナル隠避行為ハ法律ノ罪トシテ問フ所ニ非ス所謂防禦ノ自由ニ属スト雖他人ヲ教唆シテ自己ヲ隠避セシメ刑法第百三条ノ犯罪ヲ実行セシムルニ至リテハ防禦ノ濫用ニ属シ法律ノ放任行為トシテ干渉セサル防禦ノ範囲ヲ逸脱シタルモノト謂ハサルヲ得サルニヨリ被教唆者ニ対シ犯人隠避罪成立スル以上教唆者タル犯人ハ犯人隠避教唆ノ罪責ヲ負ハサルヘカラサルコト言ヲ俟タス」(昭和八・一〇・一八、三刑、大刑集一二・一八二七・宮本英脩・自己の為めにする犯人隠避教唆・昭和九年・法叢三〇・二・三三五、滝川幸辰・判批一・二〇九)。

このように、単独で行えば処罰されない行為でも、他人を教唆して罪を犯させれば教唆犯として罪責を負わねばならないとする判例の見解は、学説においても支持されている。例えば、草野教授は、『刑法が、刑事被告人に於て自己の被告事件に関する証憑を湮滅するを不問に付する所以のものは、刑事被告人に対し証憑を湮滅せざるべきことを期待することが無理であると解したに由るのである。決して証憑湮滅を以て権利行為とまで認めたからでないことは確かである。果して然らば、権利の行使ですら濫用となれば違法性を帯ぶると解せらるる今日に於ては、仮令被告人と雖、自ら其の証憑を湮滅するならば格別、他人を教唆して証憑を湮滅せしむるが如きに於ては、刑責を生ずるものと解するのが、社会正義の観念に適ふ所以ではあるまいか。教唆せられたる他人独り傷つき、教唆者たる被告人免れて、自ら晏如たることが許さるべきであろうか』と説かれ（研究一・一〇九）、小野博士も、従前の説を棄てて、『犯人が単独で自己を隠避し又は自己の手中に在る証憑を湮滅することは恕すべしとするも、他人をして故意に犯人蔵匿又は証憑湮滅の罪を犯さしめる如きは情状に於て同一でない。判例の趣旨はやはり正しいと思われる』と説いている（全訂刑法講義各論・昭和二〇年・四一、同趣旨、同・新訂刑法講義各論・昭和二四年三六、井上正治・刑法各論・昭和二七年・二五六）。もっとも、有力な反対説もある。例えば、滝川博士は、『刑事被告人が自己の刑事被告事件につき、偽証の教唆を行うことは、偽証罪の教唆犯にはならない。刑事被告人がみずからその被告事件につき虚偽の陳述をしても罰せられない。被告人に虚偽の陳述をするな、という期待をかけることが困難であることに基く。期待可能性がないことは、被告人の偽証教唆にまで拡張すべきである』としている（刑法各論・昭和二六年・二八五、同趣旨、小野清一郎・刑法講義各論・昭和四年・四〇以下、宮本英脩・刑法大綱・昭和一〇年・五一一、木村龜二・刑法各論・昭和一三年・三四八、泉二新熊・刑法大要・昭和一三年・五〇五、植松正・刑法学各論・昭和二七年・四〇以下）。

私は、前述のごとく、共犯の成立上の問題と処罰上の問題とはこれを理論上区分して論ずべしとするのであつて、この場合、共犯の成立が認められることはいうまでもない。次に、このように成立した共犯につき各共犯者の処罰はこれを別個に考えるのであるが、かつて、大審院が偽証教唆の場合に示した弁護権濫用論などからしても、犯人または被告人に教唆の刑責を認めることは妥当である、と考える（拙著、共犯理論の研究二〇一参照）。

しかし、以上とは逆に、被告人に対し、他人が証憑湮滅を教唆した場合、当該被告人の刑責を如何に考えるかは、さらに困難な問題である。私は、この場合にも、共犯の成立はこれを肯定するのである。それは、あたかも、かつて、改正前の刑法第一〇五条の『本章ノ罪ハ犯人又ハ逃走者ノ親族ニシテ犯人又ハ逃走者ノ利益ノ為メニ犯シタルトキハ之ヲ罰セス』という規定の下において、判例が『犯人ノ親族ヲ示唆慫慂シテ犯人ノ利益ノ為ニ犯罪ノ証憑ヲ湮滅セシムルモ証憑湮滅罪ノ教唆犯又ハ間接正犯ヲ構成セサルモノトス』（昭和九・一一・二六・一刑、大刑集一三・一五九九）としたのに対して、学説が、妻たる身分は行為の不可罰性ではなく行為者の不可罰性を意味するものであるとし、妻と教唆者とは共に証憑湮滅罪を犯したものである、としたのと同様な考え方である（草野豹一郎・研究二・一〇二、木村亀二・刑法第一〇五条と教唆及び間接正犯・昭和一〇年・志林三七・四・三二、同・人的処罰阻却事由と責任無能力と期待不可能性・昭和一〇年・法時七・七・三五、佐伯千仭、犯人の親族を示唆慫慂して証憑を湮滅せしめたる者の責任・昭和一〇年・法叢三一・五・一〇六三、竹田直平・違法阻却事由及責任阻却と共犯及間接正犯・昭和一〇年・法時七・六・三一同、犯罪概念要素と人的処罰阻却事由・昭和一〇年・法時七・九・三三参照）。しかし、共犯の成立は、必ずしも直ちに以つて共犯者の処罰を意味するものではない。共同意思主体の惹起した結果に対する罪責は、共犯者各人について考察せらるべきであるから、この場合にも、被告人たる正犯者の罪責は、彼が単独で行えば処罰せられないという点や新憲法・新刑事訴訟法などで認められている被告人の地位等にかんがみて決定せらるべきであると考える。かくして、私は、被告人につき、証憑滅湮罪の責任を否定するのである（拙著、共犯理論の研究、二〇二頁参照）。

(四)　なお、教唆者が教唆の後、実行行為に直接加功したような場合、判例は、単純に実行正犯として処断すべしとする。

【35】「原判決ニ依レハ（中略）被告カ右森林窃盗ノ教唆ヲ為シタル上其被教唆者ト共ニ森林産物ヲ窃取シタル事実ヲ認メ又其窃盗ノ行為ハ森林産物ノ採取ニ従事シタル際之ニ乗シテ為シタルモノナルコトハ判文上明ナリ而シテ本件ニ於ケル如ク教唆者カ犯罪ヲ教唆シタル後被教唆者ト共ニ其実行行為ヲ為シタル場合ハ教唆ノ行為ハ実行行為ノ中ニ当然吸収セラルルモノナ」リ（明治四三・一・三一、二刑、大刑録一六・八六）。

同趣旨のものに、明治四三年六月二〇日第二刑事部判決（大刑録一六・一二二五）、明治四五年三月一一日第二刑事部判決（大刑録一八・二八九）、昭和八年一一月二七日第二刑事部判決（大刑集一二・二一三四）などがある。ただし、教唆の所為と実行の所為とを比照し其重きに従い一罪として処断すべしとするのは、明治四二年六月七日第二刑事部判決（大刑録一五・七二一）。右と異り、窃盗を教唆してその贓物を故買等した場合には、窃盗の教唆犯と贓物罪の二罪が成立する。

【36】「窃盗教唆ト贓物故買トハ各其罪質ヲ異ニスルカ故ニ教唆シテ窃取セシメタル贓物ヲ故買シタルトキハ窃盗教唆ト贓物故買トノ二罪成立シ二盗ノ共同正犯者間ニ於ケル贓物ノ処分ト同一ニ論スルヲ得ス」（明治四四・五・二、一刑、大刑録一七・七四六）。

同趣旨のものに、大正四年四月二九日第二刑事部判決（大刑録二一・四三八）、大正五年六月一五日第二刑事部判決（大刑録二二・九九八、批評・牧野英一・研究二・三三九）、大正一二年五月三一日第二刑事部判決（大刑集二・四六八）などがある。なお、注意すべきものに次の判例がある。

【37】「縦令被教唆者ヲシテ之ヲ自己ニ交付セシムル目的ヲ以テ窃盗ヲ教唆スルモ更ニ被教唆者ヲ欺罔シテ其ノ窃取セル財物ヲ騙取スルニ於テハ窃盗教唆罪ノ外詐欺罪成立スルコト論ヲ俟タス蓋シ窃盗ノ教唆ハ窃盗行

為其ノモノニ非サルヲ以テ教唆カ被教唆者ヨリ其ノ窃取セル財物ヲ騙取スル行為ハ正犯者間ニ於ケル贓物ノ処分ト異リ之ヲ以テ窃盗教唆当然ノ結果トシテ不問ニ付スル理由ナケレハナリ」（昭和三・四・一六、大刑集七・二六六、岡田庄作・窃盗教唆者の盗贓騙取、昭和三年・法律論叢七・八・一〇一二、牧野英一、研究四・三二七）。

二　幇助犯

一　幇助犯に関する判例で、はじめて、共同意思主体説を採つたと考えられるのは、上段に引用した【28】の昭和一二年三月一〇日の第三刑事部判決である。しかし、次に見るごとく、判例、学説は、旧刑法以来、必ずしも、その軌を一にしていない、と考えられる。前例にならい四期に分つて考察しよう。

（一）　まず、第一期においては、旧刑法が、幇助犯に関し、その一〇九条において『重罪軽罪ヲ犯スコトヲ知テ器具ヲ給与シ又ハ誘導指示シ其他予備ノ所為ヲ以テ正犯ヲ幇助シ犯罪ヲ容易ナラシメタル者ハ従犯ト為シ正犯ノ刑ニ一等ヲ減ス但正犯現ニ行フ所ノ罪従犯ノ知ル所ヨリ重キ時ハ止タ其知ル所ノ罪ニ照シ一等ヲ減ス』とし、また、その一一〇条において、『身分ニ因リ刑ヲ加重ス可キ者従犯ト為ル時ハ其重キニ従ツテ一等ヲ減ス』『正犯ノ身分ニ因リ刑ヲ減免ス可キ時ト雖モ従犯ノ刑ハ其軽キニ従ツテ減免スルコトヲ得ス』と規定していたので、学説の中には、この一一〇条の文理解釈から、幇助犯とは正犯の実行行為以前の所為を幇助した者をいう、とする見解があつた。例えば、宮城浩蔵氏は『爰ニ各犯分担ノ所為ニ就テ考ウレハ、一ハ犯罪ヲ構成スルニ已ムヘカラサル所ノ所為ニシテ即チ犯罪ノ原因タルモノアリ。一ハ此クノ如ク重要ナラスシテ唯タ犯罪ヲ容易ニスル為メノモノアリ。故ニ必ス此第一ノ所為ヲ分担シタル者ト此第二ノ所為ヲ分担シタル者トヲ区別セサル可カラス。此第一ノ所為ヲ分担シタル者之ヲ正犯ト云ヒ、第二ノ所為ヲ分担シタル者之ヲ従犯ト云フ』（刑法講義六一四）とし、さらに説明を加えて、『我刑法ニ所謂従犯ハ、正犯ノ予備ノ所為ヲ幇助シタル者ナリト知ルヘシ。然ラハ決心ヲ幇助シタル者、若シクハ決行ヲ幇助シタル者ハ如何、予曾テ言ヘルコト有リ、曰ク、犯罪ノ決心予備決行ニハ理論上各正従アリト雖モ、我刑法ハ決心ニ付キテハ唯其正ノミヲ認メ、予備ニ付キテハ正ヲ認メスシテ独リ従ヲ認メ、決行ニ付キテハ正従ノ区別ヲ為サスシテ総テ正犯トシテ之ヲ認ムト。是ヲ以テ決心ヲ幇助シタル者ハ、時ニ或ハ教唆者トシテ罪ヲ問フコト有レトモ、多クハ無罪ナリ。決行ヲ幇助シタル者ハ、悉ク正犯トシテ罰セラルルナリ』（刑法正義七七六）と説いている（同趣旨、古賀廉造・刑法新論・明治三一年・七四九）。

しかるに、判例は、以上と異り、幇助犯は正犯の実行行為以前の段階において成立するのみならず、その実行中においても成立するという見解を採つていた。例えば、次のごとくである。

【38】「刑法第百九条ニハ『重罪軽罪ヲ犯スコトヲ知テ器具ヲ給与シ（中略）』トアルヲ以テ、従犯ノ罪ハ正犯ガ犯罪ヲ実行スル以前ニ於テ予備ノ所為ヲ以テ正犯ヲ幇助スルニアラザレバ成立セズトノ議ナキニアラズト雖モ、同条ニ「器具ヲ給与シ又ハ誘導指示シ其他予備ノ所為ヲ以テ』ト掲ゲタルハ、正犯幇助ノ為メ用ユベキ手段方法ガ必ズ犯罪実行以前ニ於ケル予備ノ所為タルコトヲ要ストノ趣旨ニハアラズシテ、右ハ単ニ従犯行為ノ重ナルモノヲ例示シ、重罪軽罪ヲ犯スコトヲ知テ正犯ヲ幇助シ犯罪ヲ容易ナラシメタル者ハ従犯トシテ之ヲ処罰スベキコトヲ規定シタル立法ノ精神ニ外ナラザレバ、正犯ガ犯罪行為ニ着手スルノ前後ヲ問ハズ苟モ之ヲ幇助シ其犯罪ヲ容易ナラシメタル以上ハ従犯ノ罪ハ成立スルモノト云ハザルヲ得ズ。何トナレバ正犯ガ犯罪行為ニ着手スル以前ノ所為スラ正犯ヲ幇助シ其犯罪ヲ容易ナラシメタルモノハ従犯トシテ之ヲ処罰スルニ拘ラ

ズ、犯罪着手後ニ至リ正犯ヲ幇助シ其犯罪ヲ容易ナラシムベキ行為ヲナシタル者ヲ従犯トシテ処罰セザル条理ナキヲ以テナリ」（明治三七・一〇・一一・大刑録一〇・一八七八）。

学説も、後述のごとく、多くはこれと同趣旨の見解を採つていた。ところが、正犯の実行行為への加功が必ずしも共同正犯でなく、幇助犯もまた成立するとすれば、この点において、共同正犯と幇助犯との区別如何が問題となつてくる。学説の大部分は、客観説、なかんずく、いわゆる実質的客観説に基づいて事を論じていた。例えば、富井政章博士は『正犯トハ（中略）犯罪ヲ構造スルニ必要欠ク可カラザル者ヲ云ヒ、従犯トハ唯犯罪ヲ幇助シ之ヲ容易ナラシメタル者ト云フニ非ズヤ、換言セバ、一ハ犯罪ノ原因者ニシテ、又一ハ犯罪ノ成立ニ関係ナキ者トス』（刑法論綱・明治二二年・二三六）と説いていた（同趣旨、小疇伝・日本刑法論・総則・明治三九年・三五八頁以下）。然るに、松原一雄氏は、形式的客観説に基づいて、幇助犯の要件に、正犯を幇助するの所為並びに幇助の意思の二を数え、これを解説して『其幇助行為トハ実行行為ニ加担セザルヲ云フ。我刑法「予備ノ所為ヲ以テ」云々ト云フハ蓋シ此義ナリ。例バ器具ヲ給与シ又ハ誘導指示スルノ類之ナリ。実行行為即犯罪構成要件タル行為ニ加担スルトキハ正犯トナル』。『(幇助ノ意思トハ)他人ノ犯行ヲ幇助シ、之ヲ容易ナラシメントスルノ意思ニシテ、自ラ手ヲ下シ罪ヲ犯サントノ意思ニアラザルナリ。然リ然レドモ、実行行為ニ加担スルトキハ之レ現ニ手ヲ下シテ罪ヲ犯ス（実行加担）モノ（即正犯）ニシテ、之レ正犯ノ意思アルモノナリ。幇助ノ意思アルモノト云フベカラズ』（新刑法論・明治三七年・一六四）とした。いわゆる構成要件論の前駆的見解と称することができよう。

その他の学説は、おおむね、折衷的見解に従つていた。例えば、江木衷氏は『従犯ノ所為タル、正犯ノ所為ト異ニシテ、主タル犯罪ヲ執行スルノ所為ニアラズトスルモ、従犯ニシテ其故意ニ依リ其所為ヲ以テ正犯ノ所為ノ原因タラシメタルトキハ、従犯トシテ之ヲ罪トスル』折衷主義を以つて、わが刑法の採るところなりとし、従つて、『従犯ノ所為ハ正犯タル所為ニ対シテ毫末モ加功スルコトナシ。故ニ正犯ノ所為中ニハ、更ニ従犯ノ所為ノ一分子ヲモ包含スルコトナシ。是レ数人ノ正犯相互ノ関係ト正犯ト従犯トノ関係ヲ異ニスル要点ナリ。千百ノ従犯アリト雖モ正犯ノ所為ノ毫末ヲ減ズルコト能ハザルハ、猶ホ千百ノ予備ヲ為スモ犯罪執行ノ着手タルコト能ハザルガ如シ。我刑法ノ正文ニモ、「犯罪ヲ容易ナラシメタルモノハ云々」ト云ヒ、其犯罪ノ所為ニ加功シタル場合（即チ正犯）ト明記シ、犯罪ノ所為ニ至リテハ独リ正犯ノ為ス所ニ一任シテ従犯ノ与ル所ニアラズトセリ』（現行刑法汎論・明治二一年・二三一・二三四）と説いている（同趣旨・林正太郎・日本刑法博議・明治二二年・五七六）。

（二）　第二期においては、現行法は、旧刑法と異り、幇助の手段方法の例示を廃止したが、判例は、この点に関しては何等の変更も見なかつた、と考えられる。すなわち、幇助犯は正犯の犯罪実行以前においても成立するのみならず、実行中においても成立する、と解する判例の態度には変りがなかつた。例えば、次のようなのがある。

【39】　「正犯ヲ幇助スル為メニ用フル手段ハ必ズシモ正犯ノ犯罪実行前ニ於ケル所為タルコトヲ要スルモノニアラズ。苟クモ正犯ヲ幇助シテ犯罪ヲ容易ナラシメタル所為アルニ於テハ、其所為正犯ノ犯罪実行ニ着手シタル後ニ行ハレタル場合ト雖モ、之ヲ従犯トシテ論ズベキモノトス。何トナレバ正犯ノ犯罪実行ニ着手スル以前ニ於ケル幇助ノ所為スラ既ニ従犯トシテ処罰セラルルコトヲ免レザルニ拘ラズ、進デ正犯ノ犯罪実行ニ着手シタル後ニ至リテ為シタル幇助ノ行為ヲ従犯トシテ処罰スベカラズトノ理由アルヲ看ザレバナリ。而シテ右ノ趣旨ハ旧刑法第百九条ノ適用ニ関シ本院判例ノ夙ニ是認スル所タリ。今刑法従犯ニ関スル規定ヲ見ルニ、其第六十二条ニハ単ニ「正犯ヲ幇助シタル者ハ従犯トス」トアルニ過ギズシテ、旧刑法第百九条ニ比シ法文頗ル簡

単ナリト雖モ、右ハ旧刑法第百九条ニ存スル如キ不必要ナル文詞ヲ用キザルモノナルニ止リ、立法ノ精神ニ至リテハ旧刑法第百九条ノ規定ノ精神ト敢テ相異スル所アルモノニアラザレバ、右第百九条ノ適用ニ関スル本院ノ判例ハ刑法第六十二条ノ適用ニ付之ヲ変更スヘキ理由ナシ」（明治四二・九・二〇、二刑、大刑録一五・一二四六）。

学説を見るに、第二期以降においては、いわゆる構成要件論が犯罪の一般理論のうちに導入され、これに伴つて、正犯と幇助犯との区別に関しても、右の理論が重要な役割を果しはじめることになつた。すなわち、この見解によれば、犯罪の特別構成要件に該当する行為をなした者が正犯者であり、特別構成要件に該当する行為を助け、その実現を容易ならしむる者が従犯者であるとせられるのである。もつとも、このような考え方の萠芽は、前述のように、すでに第一期に現われてきているのであつて、第二期においても、その初期にあつては、まだこのような先駆的な見解が主張されていたにすぎない。例えば、泉二博士は『現行刑法ハ共同実行者ヲ共同正犯ナリトスルガ故ニ、実行行為ヲ分担スル者ハ共同正犯ニシテ、実行以外ノ行為ヲ以テ正犯ヲ幇助スル者ハ従犯ナリト解スルヲ至当トス。而シテ一定ノ行為ガ一定ノ犯罪ノ実行行為ニ属スルヤ否ヤハ、各種ノ犯罪、各個ノ場合ニ付テ之ヲ講究セザルヘカラス』（日本刑法論・大正五年・五六九）とした（同趣旨、勝本勘三郎・刑法要論総論・大正二年・三六、大場茂馬・刑法総論・大正七年・一〇三七）。

構成要件という概念を用いて、右のような考え方を明確にしたのは、滝川・小野両博士である。滝川博士は、共同正犯と幇助犯との区別は、『共同者の行為の特色が、如何なる点にあるかによつて決定される。一般的に観察した協力状態からいふて、また、共同者の意志の強さからいふて、行為の価値が同じであると見るべき場合は共同正犯である。これに反し、一般観察者の立場から、制限的・従属的行為であると考えられる場合は従犯である』（刑法講義・昭和四年・一七一）としながら、『刑法は構成要件を厳密に規定し、行為が構成要件の一部分に該当する場合に、犯罪の実行の着手を認める。予備行為と実行行為とは、形式的には漸進的に進み行く行為の過程の量的変化に過ぎないが、実質的には量から質への転化と見ねばならない。このことは共同正犯と従犯との区別についても妥当する。即ち共同正犯と従犯との間には、質的差異があり、構成要件該当性の有無がこれを決定する。この意味において、客観説のうち、構成要件を標準とする立場を正当とせねばならない』(刑法講義改訂版・昭和五年・一六九)と主張している(同趣旨・小野清一郎・刑法講義総論・昭和七年・一九四、佐伯千仭・刑法総論・昭和一九年・三四六)。

しかし、学説は必ずしも右の見解に一致していなかつた。構成要件を標準として正犯幇助犯の区別を立てる見解を採らない爾余の学説は、第二期以降においては、すべて折衷的な見解に到達している。従つて、第一期におけるような区別、すなわち、正犯の実行行為の時を標準とする区別や、因果関係論による区別は、もはや、これを見出すことができない。例えば、宮本博士は、『予ハ通常謂フ所ノ幇助ガ一般的ニ観察シテ如何ナル事情ノ下ニ比較的軽微ナル反規範性ヲ徴表スルヤノ点ヨリ考察シテ姑ク一種ノ折衷説ニ拠ラントス。即チ予ノ見ル所ニ依レバ、幇助ノ特質ハ加担意思ヲ以テスル加担行為タル点ニ在リ。玆ニ加担意思トハ、其成立ニ於テ他人ノ意思(故意又ハ過失)ヲ条件トシテ定マリ且之ニ依存スル意思(正犯カ止メルトキハ、異議ナク共ニ止メル程度ノ意思)ヲ謂ヒ、加担行為トハ他人ノ行為ニ依頼シテノミ結果ニ影響スル行為ヲ謂フ。換言スレバ、他人ノ行為ヲ隔テテ結果ニ対シ間接原因タル行為ナリ』(刑法学粋・昭和六年・四一九)と述べ、また、牧野博士は、『予輩ハ別ニ一個ノ提案ヲ為サムト欲ス。即チ、共同関係ニ於ケル犯人ノ地位ソノモノヲ基礎ト為スコト是ナリ。蓋、近時ニ至リ群衆心理ニ関シテ特別ナル研究ヲ試ムル者、皆、人ノ共同運動ニ主動的分子ト受動的分子トアルコトヲ認ム。而シテ、予輩ハ此ノ見解ヲ共犯関係ニ応用セムトスルナリ。即チ、其ノ共同関係ソノモノニ於テ主タル地位ヲ有スル者ヲ正犯トシ、従タル地位ニ在ルニ過キサル者ヲ従犯ト為スナリ。此ノ説ハ単ニ事実ノ軽重ヲ基礎ト為スモノニ非サルカ故ニ客観説ニ非ス。然レトモ、単ニ又犯人ノ心理ヲ標準ト為スモノニ非サルカ故ニ主観説トナスコトヲ得ス。論議ノ基礎ハ群衆心理ソノモノニ在ルカ故ニ特別ナル立場ニ在ルモノトス』(日本刑法・昭和七年・三八六)との見解を提出している。さらに、草野教授は、『少人数の共犯関係に於ては実行行為其のものを分担することは犯罪の成立上重要な役割を演ずることに違いないが、然し実行行為其のものを分担しないでも、犯罪の成立に重要なる役割を演じた場合が、共同正犯となり又教唆犯と』なるのであるから、『実行行為其のものを分担したりや否を以て、正犯と従犯とを分つ唯一の標準となすことは当らないといわねばならぬ』(刑法総則講義・昭和一〇年・二一五)とし、犯罪の成立に重要なる役割を演じたか否かをもつて、共同正犯と幇助犯とを区別する標準とすべしと主張しておられる(同趣旨・佐瀬昌三・刑法大意第一分冊・昭和一二年・二六二、小泉英一・刑法要論総論・昭和一八年・二七七、植松正・刑法学総論・昭和二八年・二二〇)。

(三) 第三期において、判例が、幇助犯について共同意思主体説を認めたと考えられるのは、【28】の昭和一二年三月一〇日第三刑事部の判決であるが、同趣旨のものに、昭和一二年八月三一日第三刑事部判決(大刑集一六・一三五五、川添清吉・義務の履行行為と犯罪の成立・昭和一三年・法論一七・二・二三九、草野豹一郎・研究四・一四五、坂本英雄、預りたる拳銃の交付と強盗の幇助・昭和一三年・法論一七・一・一一四、牧野英一・研究七・五二七、同、研究八・一一)、昭和一三年一一月一八日第三刑事部判決(大刑集一七・八三九、植松正・強盗殺人罪における殺人後の奪取行為への加功・昭和一四年・日法五・五・六八、小野清一郎・刑釈・一・四一四。草野豹一郎、研究五・一一二四、吉田常次郎・承継的従犯・昭和一四年・日法五・四・七二)、昭和一五年五月九日第二刑事部判決(大刑集一九・二九七、小野清一郎・刑釈三・一三一、吉田常次郎・予備的行為を以ってする従犯・昭和一六年・新報五一・三・四二四)、昭和一五年一〇月二一日第二刑事部判決(大刑集一九・七一八、小野清一郎・刑釈三・三一八)がある。

(四) 第四期において、幇助犯につき共同意思主体説を認めた判例には次のものがある。

【40】「原判決によれば被告人BがDの偽造した本件診断書をAを通して受け取つた上、これをCに交付し、因つてCが情を知らぬ弁護士Xをして岡山地方裁判所の係判事に提出行使するのを幇助したというのであるから、本犯がCであることは判文上明白である。而してCが右診断書が偽造のものであつたことを知つていたと認むべき証拠はない。しかしCは被告人Bに依頼して医務課長を買収して虚偽内容の診断書を作成せしめようとしたものであることは、原判決の確定した事実であつて、本件診断書は偽造のものであることは知らなかつたとしても、虚偽の診断書であると考へて之を弁護士に交付し裁判所に提出行使したものであるから、Cの故意と現実の行為との間に錯誤があつたものである。しかしこの錯誤は前に説明したと同一の理由によつて故意を阻却するものでないから、Cの所為は偽造公文書行使罪を構成するのである。そして被告人Bは本件診断書が偽造であることを知らず、虚偽内容の診断書と考へてこれをCに交付したとしても、Cがこれを行使した以上、前に説明したと同一の理由によりCの偽造診断書行使の幇助についても亦その責任を免かれることはできない訳である。原判決の此の点に関する説明は簡に失し、多少明確を欠く恨みもあるが、判文全体の趣旨から以上の説明と同趣旨であると認められるのである。然らばこの点においても原判決には所論の如き違法はない」（昭和二三・一〇・二三・二小廷、最刑集二・一一・一三八六、小野清一郎・刑釈一〇・四〇）。

ところで、判例は、上述したように、共同正犯につき、実行行為を分担する共同正犯者とこれを分担しない共同正犯者を認めているのであるが、そうすると、実行行為の有無のみによつて共同正犯者と幇助犯者とを区別する見解は誤りである、としなければならない。しかし、そうだからと言つて、直ちに主観説に従つて、共同正犯者と幇助犯者との区別を、もつぱら自己の犯罪を共同して実現する意思であつたか或いは他人の犯罪を幇助するだけの意思であつたかに求めることも、また、これを是認しえないものがある、と考えられる。私は、犯罪の成立に対して、重要な役割を演じたか否かにより両者を区別するとする見解が正しいと考えるのであるが、そうだとすると、犯罪の成立に対し、同じように、重要な役割を演じないこの幇助犯とかの教唆犯との区別如何が問題とならざるをえないことになる。次に、この点を述べることにしよう。

二　幇助犯に関し、問題となるのは、右に述べたように、教唆犯との区別如何である。旧刑法は、教唆犯をもつて正犯の一種なりとしていたが、その性格はやはり加担犯であり、文献における教唆犯の説明も、多くは、正犯のそれと対比してなされていた。従つて、幇助犯は、理論上、単に正犯から区別されるのみにては足らず、教唆犯からも区別されなければならなかつた。旧刑法が、幇助犯に関し、その一〇九条において、『重罪軽罪ヲ犯スコトヲ知テ器具ヲ給与シ又ハ誘導指示シ其他予備ノ所為ヲ以テ正犯ヲ幇助シ犯罪ヲ容易ナラシメタル者ハ従犯ト為シ……』と規定していたことは前述のごとくであるが、そこで、この『誘導指示シ』なる無形的な幇助の手段が、教唆と如何に区別せられるかが、当時、最も問題となつていたようである。通説は、正犯者への精神的加功が、正犯者をして犯罪の実行を決意せしめるに至る力を有していたか否かによつて、これを教唆と無形的幇助とに分つていたと考えられる。例えば、岡田博士は、『従犯ノ成立ニ必要ナル方法トシテ意思ニ関スルモノハ、誘導指示スルコト是ナリ。誘導指示ト云フ語ハ教唆ト対立スルモノナリ。教唆ノ語ヲ汎ク用フレバ、誘導指示モ一ノ教唆ト云ヒ得ザルニ非ラズ。但シ刑法上ノ狭キ意味ヲ以テ云ヘバ、教唆ハ他人ニ重罪軽罪ヲ犯ス故意ヲ生ゼシメタル所為ニシテ、其重罪軽罪ノ原因トナリシモノノミヲ云フ。其他人ニ重罪軽罪ヲ犯ス故意ヲ生ゼシムル程有力ナラズ、只ダ之ヲ助成シ以テ重罪軽罪ノ成立ノ幾分ヲ助ケタルモノハ即チ第百九条ニ所謂誘導指示ナリ。故ニ誘導指示ト教唆トノ区別ハ、犯罪決行者ノ決心ニ対スル影響ノ程度如何ノ事実ニ依リテノミ判定スベキモノナリ』（日本刑法論・明治二七年・一〇九四）と主張していた（同趣旨、富井政章・刑法論

綱・明治二二年・二七一、林正太郎・日本刑法博議・明治二二年・五七三）。

（一）　第二期以降、すなわち、現行法下における学説も、大体、前期におけるそれと傾向を同じくしていた。すなわち、現行法は、旧刑法と異り、幇助の方法の例示を廃止したのであるが、幇助犯をもつて、正犯を幇助する行為、言いかえれば、正犯の実行を容易ならしめる行為なりとする見解には異るところがなかつた。従つて、無形的幇助も、正犯の実行を容易ならしめる行為、すなわち、すでに成立している正犯者の犯罪的意思を強固ならしめる行為でなければならず、そして、この点に、幇助犯と教唆犯との区別が認められると解されていた。例えば、泉二博士は、『教唆犯ハ人ヲ教唆シテ犯罪ヲ犯スノ決意ヲ為スニ至ラシムルモノニシテ、被教唆者ガ教唆ニ因リ犯罪ノ決意ヲ為スコトヲ要スルガ故ニ、他ノ原因ニ基キ既ニ決意セル者ニ対シテハ、其行為ヲ幇助スルコトヲ得ベキモ、教唆スルコトヲ得ズ』『抑々従犯ハ教唆ト均シク正犯ニ附随加担スル共犯ノ一形式ナリ。教唆ト異ル所ハ、教唆ハ他人ニ犯罪ノ決意ヲ為サシムルニ反シ、従犯ハ犯罪ノ決意アル者ニ対シ幇助ヲ与フルノ点ニアリ。故ニ犯罪ノ決意ナキ者ニ対シテハ教唆ヲ為シ得ルモ、従犯タルコトヲ得ズ』（日本刑法論・大正五年・五五四、五六四）として両者を区別している。降つて、滝川博士は、『教唆犯と従犯とは何によつて区別するか？　教唆犯と助言従犯とを区別することも、実際上、甚だ困難である。一般的には次の如くいい得るに過ぎない。即ち教唆犯は犯意を呼び起すことであるが、従犯は既に計画の出来上つて居る犯罪の実現を促すか、または実現に伴う何らかの懸念を除く場合である』（刑法講義改訂版・昭和五年・一七〇）としている（同趣旨、小野清一郎・刑法講義・昭和七年・二〇二）。

以上のごとき共犯従属性説に反し、共犯独立性説によれば、幇助犯と教唆犯との区別は、やや異つてくる。すなわち、宮本博士の説くがごとく、『命令、強請、威嚇、嘆願等ヲ用ヰル場合ハ勿論、或ハ是等ノ方法ト併セテ金品其他ノ利益ヲ供与シテ之ヲ誘フガ如キ、或ハ教唆者ガ後日発覚ノ際ノ責ヲ免ルル為メ巧ニ反対語ヲ以テスルガ如キモ亦教唆ナリ。而シテ教唆者ガ是等ノ方法ヲ行フニ方リ、被教唆者ノ意思ガ既ニ決定的ナル場合ニハ、教唆ハ未遂ナルモ、多少ノ意思動クモ尚未決定ナル限リ、之ヲ決定的ナラシメ、以テ犯罪ヲ実行セシムルニ因リテ既遂タルコトヲ得』(刑法学粋・昭和六年・四一一頁) るのであつて、結局、すでに決意した正犯者に対しても、未遂ではあるが、教唆犯が成立し得るということになるのである。従つて、幇助犯と教唆犯との区別の標準は、正犯者の決意の有無以外の点にこれを求めなければならない。宮本博士は、幇助犯をもつて、『他人ノ犯罪ニ対シ加担意思ニ基ク加担行為ヲ以テ関与シ以テ自己ノ犯罪ヲ遂クルコト』(前掲、四二〇頁) と解しているから、幇助犯と教唆犯との区別も、加担者の意思及び加担行為の態様如何にその根拠が置かれていると考えられる (牧野英一・無形的従犯・大正七年・志林二〇・三・六参照)。

これに反し、共同意思主体説によれば、幇助犯は、いかなる点において教唆犯と区別せられることになるのであろうか。前述のごとく、この学説によれば、幇助者とは、共犯関係において重要ならざる役割を演じた者、言いかえれば、共犯者のうち正犯又は教唆犯を以つて目すべからざる者をいい(草野豹一郎・刑法総則講義・昭和一〇年・二一四)、他方、教唆者とは、犯意なき者を教唆して犯罪を実行せしめた者をいう(草野、前掲、二〇七頁)、と解せられている。従つて、この学説における幇助犯と教唆犯との区別は、前述の客観説におけるそれと同じように、ある精神的加功が正犯者に新らしい犯意を生ぜしめた場合には教唆犯、正犯者の既成の犯意を強化し若しくはその犯意の実現を容易ならしめた場合には幇助犯となるという点に求められる(同趣旨、佐瀬昌三・刑法大意第一分冊・昭和一二年・二五九、小泉英一・改訂刑法要論総論・昭和一八年・二七五)。従つて、『犯罪の決意なきものに対しては教唆をなし得るも従犯たることを得ない。之に反し犯罪の決意あるものに対しては幇助は為し得るも、教唆を為すことは出来ない』（小泉、前掲二七五）ということになるのである。

判例も、また、このような学説とその軌を一にしていると考えられる。

【41】「助言ヲ以テ他人ノ犯罪ニ加功シタル場合ニ於テ該助言ガ他人ヲシテ犯行ノ故意ヲ決定セシメタルモノトスレバ之ヲ教唆罪ニ問擬ス可ク之ニ反シテ特ニ他人ノ犯意ヲ決定セシムルコトナク単ニ他人ノ既発ノ犯意ヲ強固ナラシメタルニ止マルモノトスレバ之ヲ従犯ニ問擬ス可キハ亦明白ナリ」（大正六・五・二五一刑、大刑録二三・五二六）。

同趣旨のものに大正六年五月二八日第二刑事部判決（大刑録二三・五七七）、大正七年一一月一六日第二刑事部判決（大刑録二四・一五四九）がある。

三　幇助犯の要件を判例を中心に詳説すれば、次のごとくである。

（一）第一に、幇助することを要する。ここに『幇助』とは、被幇助者の犯罪の実行を容易ならしめることをいう。必ずしも正犯の実行に必要不可欠な行為たるを要しない。

【42】「所謂犯罪ノ幇助行為アリトスルニハ犯罪アルコトヲ知リテ犯人ニ犯罪遂行ノ便宜ヲ与ヘ之ヲ容易ナラシメタルノミヲ以テ足リ其遂行ニ必要不可欠ナル助力ヲ与フルコトヲ必要トセス」（大正二・七・九三刑、大刑録一九・七七二）。

同趣旨のものに、大正一〇年五月七日第三刑事部判決（大刑録二七・二六七）、昭和四年二月一九日第一刑事部判決（大刑集八・八四）がある。

いやしくも正犯の実行を容易ならしめる以上、それが直接たると間接たるとは問うところでない。

【43】「被告人ノ行為ハ間接ニ正犯ヲ補助シタルニ過キサル所論ノ所謂従犯ノ従犯ナリトスルモ刑法カ従犯ヲ処罰スル所以ノモノハ正犯ノ実行行為ヲ容易ナラシムルコトヲ防止スルニアルカ故ニ苟モ正犯ノ実行行為ヲ容易ナラシムル行為ナル以上ハ其ノ直接ナルト間接ナルトヲ問ハス等シク刑法ノ従犯トシテ処罰スルヲ正当ナ

リトス」（昭和一一・一一・一二、一刑、大刑集一五・一四三八、草野豹一郎・研究三・九七、滝川幸辰・判批二・一三七、宮本英脩・間接に正犯を幇助したる行為と従犯・昭和一二年・法叢三六・二・三九七）。

同趣旨のものに、大正一四年二月二〇日第一刑事部判決（大刑集四・七三）などがある。

また、幇助は、その方法の如何はこれを問わない。従つて、作為たると、不作為たるとは問うところでない。

【44】「不作為に因る幇助犯は他人の犯罪行為を認識しながら法律上の義務に違背し自己の不作為に因りて其実行を容易ならしむるにより成立し犯罪の実行に付相互間に意思の連絡又は共同の認識あることを必要とするものに非ず」（明治三・三・九・一刑、刑集七・一七、牧野英一・研究四・二六八）。

さらに、また、器具を給与するような物質的幇助であると、助言を与えて正犯の実行を奨励するような精神的幇助であるとは問うところでない。

【45】「従犯は罪の実行行為に属せざる行為を以て正犯の実行行為を幇助することに依て成立す而して其幇助の手段は器具を給与するが如き物質的幇助たると将た助言を与ふることに因りて正犯の実行を奨励するが如き精神的幇助たるとは問ふ所にあらざるなり」（明治四三・九・二〇、一刑、大刑録一六・一五二八）。

その他、助言による精神的幇助を幇助犯とするものに、昭和二年三月二八日第二刑事部判決（大刑集六・一八〇）、昭和二年七月六日第三刑事部判決（大刑集六・二七三）、昭和七年六月一四日第四刑事部判決（大刑集一一・七九七）、昭和七年一〇月三日第一刑事部判決（大刑集一一・一四二五）、昭和二五年七月一九日大法廷判決（最刑集四・八・一四六三）などがある。

なお、幇助は、正犯者が犯罪を実行する前たると後たるとを問わない。

【46】「苟モ従犯ノ成立スルカ為ニハ正犯ノ犯行ヲ容易ナラシメ之ヲ幇助スレハ足リ必スシモ正犯カ犯行ニ著手シタル後其ノ終了前ニ於テ之ヲ幇助スルコトヲ要スルモノニ非ス其ノ著手前ノ行為ニ依リ正犯ノ犯罪遂行

ヲ容易ナラシムルモ尚従犯ノ罪ヲ構成スルモノト解スルヲ相当トス（昭和一〇・三・二〇、刑、大刑集一四・三三三）。

同趣旨のものに、明治三七年一〇月一一日第一刑事部判決（大刑録一〇・一八七四）、昭和一五年五月九日第二刑事部判決（大刑集一九・二九七、批評前出）などがある。

なお、また、正犯者の実行行為は、幇助の当時、幇助者に具体的に了知せられず、単に予見せられていたのみで足るものとする。

【47】「被告人甲乙ハ丙等少壮海軍将校カ陸軍士官候補生等ト提携シ手榴弾及拳銃ヲ使用シ集団的ニ暴力ニ依リ政党財閥特権階級等ヲ襲撃シ因テ国家革正ノ烽火ヲ揚ケントスル犯罪ノ実行ヲ予見シナカラ其ノ用ニ供スル拳銃実弾ヲ供与シタルモノナレハ仮令被告人等ハ当時正犯カ其ノ犯罪ヲ実行スル時期方法等ニ付具体的ニ之ヲ了知スルコトナク差当リ武器ノ調達等其ノ実行ノ予備ヲ為スニ止ルモノト思料シ居リタリトスルモ苟モ正犯ニシテ単ニ予備ノ程度ニ止ラス進テ被告人等ノ予見シタル実行行為ヲ遂行シタル場合ニ於テハ被告人等ハ其ノ実行行為ヲ幇助シタル従犯トシテ責ニ任スヘク単ニ予備ノ行為ヲ幇助シタルモノ即チ予備罪ノ従犯タルニ過キサルモノト解スヘキモノニ非ス」（昭和一〇・一〇・二四・二刑、大刑集一四・一三七二、草野豹一郎、研究三・一〇八）。

そして、また、判例は、共謀による共同正犯の理論をおし進め、共謀による共同教唆犯を是認したと同様に、共謀による共同幇助犯というものを認めている。

【48】「両人共同シテ正犯ヲ幇助センコトヲ謀リ其ノ中ノ一人ヲシテ幇助行為実行ノ衝ニ当ラシメ其ノ共同幇助ノ犯意ヲ遂行セシメタル者ハ仮令自ラ其ノ幇助行為ニ手ヲ下ササルモ共ニ正犯ヲ幇助シタルモノトシテ従犯ノ刑責ヲ免ルルコトヲ得ス原判決ニ依レハ被告人甲ハ丙ヨリ同人等少壮海軍将校カ陸軍士官候補生等ト提携シ丁等ノ暗殺決行ノ後ヲ承ケ手榴弾及拳銃ヲ使用シ集団的ノ暴力ニ依リ政党財閥特権階級等ヲ襲撃シ国家革正ノ烽火ヲ揚ケントスルモノナル旨ヲ告ケラレ其ノ用ニ供スル拳銃ノ調達ヲ懇請セラルルヤ直チニ之ヲ快諾シ之ニ呼応スヘキ旨ヲ語リ被告人乙ニ対シ丙等ノ右計画竝ニ同人ヨリ右計画遂行ノ用ニ供スル拳銃ノ調達方ヲ懇請

セラレタル事情ヲ告ケ共ニ右拳銃ノ調達ニ尽力アリタキ旨ヲ語リ其ノ承諾ヲ得尚爾後ハ被告人乙ニ於テ丙等トノ折衝ニ当ルヘキコトト為シ茲ニ同被告人両名共謀ノ上被告人乙ノ手ヨリ武器トシテ丙ニ対シ被告人乙所有ノ拳銃六挺実弾百五十発ヲ供与シ丙等ノ判示犯行ヲ幇助シタリト云フニ在ルヲ以テ被告人甲ハ被告人乙ヲシテ専ラ右正犯ニ対スル拳銃実弾ヲ供与スルノ任ニ当ラシメ自ラ該供与ニ携ラサリシトスルモ共同幇助者トシテ従犯ノ罪責ヲ免ルルコトヲ得ス」（昭和一〇・一〇・二四・二刑・大刑集一四・一三九七、批評前出）。

問題となるのは、幇助犯の成立するためには正犯者と幇助者との間に相互的な意思の連絡あることを要するかどうかである。前掲【28】の昭和一二年三月一〇日第三刑事部判決や、昭和一二年八月三一日第三刑事部判決、昭和一三年一一月一八日第三刑事部判決、昭和一五年五月九日第二刑事部判決、昭和一五年一〇月二一日第二刑事部判決やが幇助犯についても共同意思主体説を是認しているとする限り、両者の間に相互的な意思連絡あることを要するものと考える。すなわち、片面的幇助犯はこれを是認し得ないと考えられる。従つて、判例が採つていた次のような立場は否定せられたとしなければならないであろう（通説は反対、例えば日沖憲郎・一方的従犯、刑法演習総論一四二）。

【49】「共同正犯ノ成立ニハ其ノ主観的要件トシテ共犯者間ニ意思ノ連絡即チ共犯者カ相互ニ共同犯罪ノ認識アルコトヲ必要トスレトモ従犯成立ノ主観的要件トシテハ従犯者ニ於テ正犯ノ行為ヲ認識シ之ヲ幇助スルノ意思アルヲ以テ足リ従犯者ト正犯者トノ間ニ相互的ノ意思連絡アルコトヲ必要トセサルヲ以テ正犯者カ従犯ノ幇助行為ヲ認識スルノ必要ナキモノトス」（大正一四・一・二二・二刑、大刑集三・九二四）。

右と同趣旨のものに、昭和三年三月九日第一刑事部判決（大刑集七・一七七）、昭和八年一二月九日第三刑事部判決（大刑集一二・二二九〇）がある。

さらに問題となるのは、承継的共犯の場合、すなわち、一人が犯罪の実行に着手し、爾後、他の一人が共同意思の下に実行の他の部分に加功し、犯罪事実を実現した場合を如何に解するかである。判例は、次のごとく、承継的幇助犯を認めている。

【50】「按スルニ刑法第二百四十条後段ノ罪ハ強盗罪ト殺人罪若ハ傷害致死罪ヨリ組成セラレ右各罪種カ結合セラレテ単純一罪ヲ構成スルモノナルヲ以テ他人カ強盗ノ目的ヲ以テ人ヲ殺害シタル事実ヲ知悉シ其ノ企図スル犯行ヲ容易ナラシムル意思ノ下ニ該強盗殺人罪ノ一部タル強取行為ニ加担シ之ヲ幇助シタルトキハ其ノ所為ニ対シテハ強盗殺人罪ノ従犯ヲ以テ問擬スルヲ相当トシ之ヲ以テ単ニ強盗罪若ハ窃盗罪ノ従犯ヲ構成スルニ止マルモノト為スヘキニアラス原判示第二事実ニ依レハ被告人甲ハ夫乙（原審相被告人）カ昭和八年十月五日午後十一時過頃地下足袋ヲ穿チマセン棒ヲ携ヘテ自宅ヲ立チ出テタルヲ以テ同人ノ行動ヲ憂慮シ其ノ後ヲ追ヒ判示A方ニ到リ同家住宅ト東側納屋トノ間ニ於テ夫乙ニ出会シタルトコロ同人ハ金員ヲ強取スル為遂ニB（Aノ妻）ヲ殺害シタル旨物語リ尚金員ヲ強取スルニ付協力ヲ求メラレ玆ニ已ムナク之ヲ承諾シ直チニ乙カ開キ呉レタルA方住宅表入口ヨリ屋内ニ侵入シ点火シタル蠟燭ヲ手ニシテ乙ニ燈火ヲ送リ乙ノ金品強取ヲ容易ナラシメテ以テ其ノ犯行ヲ幇助シタリト謂フニ在レハ右乙ノ金品強取ヲ容易ナラシメタル被告甲ノ所為ハ冒頭説示ノ理由ニ依リ強盗殺人罪ノ従犯ヲ構成スルモノト謂ハサル可カラス然ラハ右被告人甲ノ所為ヲ刑法第二百三十六条第一項強盗ノ罪ノ従犯ニ問擬シタル原判決ハ違法ニシテ論旨結局理由アリ」（昭和一三・一一・一八・三刑、大刑集一七・八四三、植松正・強盗殺人罪による殺人後の奪取行為への加担・昭和一四年・日法五・五、小野清一郎・刑釈一、四一四、草野豹一郎・研究五・一二四、吉田常次郎・承継的従犯・昭和一四年・日法五・四、なお、吉田常次郎・承継的共犯・刑法演習総論・昭和三〇年・九八参照）。

なお、注意すべきは、刑法第六二条第二項が『従犯ヲ教唆シタル者ハ従犯ニ準ス』としていることである。けだし、正犯を教唆した者が正犯と看做される以上、幇助犯を教唆した者が幇助犯に準ずべきことは当然である。第一に問題となるのは、幇助犯を幇助した者をどのように解すべきかである。判例は、これに答え、次のごとく、正犯を間接に幇助する行為も亦幇助犯として処断するを相当とす、としている。

【51】「刑法第六十二条ハ従犯ヲ教唆シタル者ハ従犯ニ準シテ之ヲ処断スヘキ旨ヲ規定セルモ正犯ヲ間接ニ幇助シタル者ハ従犯ニ準シテ之ヲ論スヘキ旨ヲ規定セスト雖モ之ヲ以テ直ニ刑法ハ所謂間接従犯ヲ以テ罪ト為ササル趣旨ナリト解スヘカラス惟フニ従犯ヲ処罰スル所以ハ正犯ノ実行ヲ容易ナラシムル点ニ於テ存スルヲ以テ其ノ幇助行為カ正犯ノ実行行為ニ対シテ直接ナルト間接ナルトヲ問フヘキニ非ス苟モ正犯カ犯行ヲ為スノ情ヲ知ツテ其ノ実行ヲ容易ナラシムルニ於テハ均シク因果関係ヲ有シ幇助ノ効ヲ致スモノト認ムヘク其ノ間ニ区別ヲ設クヘキニ非ス従テ正犯ヲ間接ニ幇助スル行為モ亦従犯トシテ処断スルヲ相当ト謂ハサルヘカラス」（大正一四・二・二〇・一刑、大刑集・四七九）。

そして、第二に問題となるのは、教唆の幇助を如何に解すべきかである。若干の疑問もないわけではないが、やはり、幇助犯とすべきものであろう。参考とすべき判例に次のものがある。

【52】「教唆行為ヲ幇助シタルモノカ更ニ進ンテ実行正犯者ノ行為ヲ幇助シタル場合ニ於テハ之ヲ所謂法条競合ノ一ト稽ヘ包括シテ正犯ヲ幇助シタルモノトシテ理解スヘキモノナ」リ（昭和七・一二・二四・三刑、大刑集一一・一九六五）。

なお、判例は、間接教唆に対する幇助をも幇助犯として処罰している。昭和一二年三月一〇日第三刑事部判決（大刑集一六・二九九、批評前出参照）参照。

（二）　第二に、正犯を幇助することを要する。『正犯を幇助する』とは、正犯者の犯罪を幇助するという意味である。従つて、幇助犯が成立するためには、少くとも正犯者が犯罪を実行することを要する。いわゆる共犯の従属性は、幇助犯についてもあてはまるといわなければならない。私見に従えば、幇助者の幇助行為は、正犯者の実行行為と一体となつて共同意思主体の犯罪を成立せしめるのである（共犯成立上の一体性）。それ故、幇助犯の成立を認めるためには、正犯者の実行行為を確定することが、まずもつて必要である。次のような判例がある。

【53】「従犯ノ正犯ニ対シ従属的性質ヲ有スルヲ以テ正犯ノ成立ヲ竣ツテ始メテ成立シ得ヘキモノトス然レトモ正犯カ未タ起訴セラレス又確定判決ヲ受ケサルモ之カ為メニ正犯ニ先チ従犯ノ罪ヲ論スルコトヲ妨ケサルヲ以テ此場合ニ於テハ先ツ証拠ニ依リテ正犯ノ事実ヲ確認シ而シテ従犯ノ事実ヲ判定スヘキモノトス」（大正六・七・五・二刑、大刑録二三・七九五）。

なお、幇助行為後正犯が幇助者に対し犯行中止を詐言しても従犯の成立を妨げないとするものに、昭和九年二月一〇日第三刑事部判決（大刑集一三・一二七、滝川幸辰・判批一・一三一）がある。

このように、幇助犯は、正犯と一体となつて成立する結果、幇助犯成立の罪数、場所、時等も、また、正犯のそれに従属すること、教唆犯と同様である。

(1) 第一に、幇助犯の罪数に関しては、次の判例がある。

【54】「正犯ノ実行シタル家宅侵入ノ行為ト殺人ノ行為トノ間ニ手段結果ノ関係アリテ一ノ牽連犯トシテ処分スヘキモノナル以上右両行為ヲ容易ナラシメタル被告ノ行為モ亦一ノ牽連犯トシテ刑法第五十四条第一項後段ヲ適用処分スルヲ相当トス」（大正六・一〇・一・二刑、大刑録二三・一〇四四）。

その他、一箇の行為をもつて連続犯たる正犯を幇助した場合につき昭和七年五月三〇日第二刑事部判決（大刑集一一・七三二、草野豹一郎・研究一・九四）、幇助行為の一部が賭博開帳罪、他の一部が賭博罪を幇助した場合につき大正一〇年三月一四日第二刑事部判決（大刑録二七・一六九）、独立した数個の正犯を幇助した場合につき昭和一五年一〇月二一日第二刑事部判決（大刑集一九・七一八、批評前出）、単一の正犯行為を数回に幇助した場合につき大正二年四月一七日第二刑事部判決（大刑録一九・四七九）などがある。

(2) 第二に、幇助犯の場所に関しては、次のものがある。

【55】「従犯ハ実行正犯ニ随伴シテ成立スルモノナレハ従犯成立ノ場所ハ即チ正犯実行ノ場所ニ外ナラサル

モノトス」（大正一一・三・一五・三刑、大刑集一・一四六、宮本英脩・従犯成立の場所・大正一二年・法叢九・三・一二四）。

同趣旨のものに、明治三〇年七月五日第一刑事部判決（大刑録三・七・八）、明治三九年一〇月三〇日第一刑事部判決（大刑録一二・一一五九）などがある。

(3) 第三に、幇助犯の時については、次のものがある。

【56】「従犯行為ハ正犯行為ニ附随シテ其刑責ヲ負担スルモノナレハ従犯行為ニ対スル公訴時効ハ従犯行為ニ依リテ幇助セラレタル正犯ノ罪ノ終了シタル日ヨリ其期間ヲ起算スヘク又其正犯行為カ旧刑法時代ヨリ新刑法時代ニ亘リ継続シテ行ハレタルトキハ其正犯行為ニ対シ新旧刑法ヲ比照スルコトナク単ニ新刑法ノミヲ適用スルカ如ク之ヲ幇助シタル従犯行為ニ対シテハ其従犯行為カ旧刑法時代ニ終了シタル場合ニ於テモ単ニ新刑法ノミヲ適用スヘキモノトス」（明治四四・六・二三・一刑、大刑録一七・一二五三）。

四 幇助犯の処罰に関し、刑法第六三条は『従犯ノ刑ハ正犯ノ刑ニ照シテ減軽ス』としている。けだし、幇助犯は正犯と異り、他人の犯罪を幇助するに止り、その情状において正犯より軽いものがあるからである。

（一） 幇助犯の処罰に関し第一に問題となるのは、幇助者が処罰せられるためには、被幇助者の処罰せられることを要するか否かである。けだし、幇助犯の従属性は、教唆犯のそれと統一的に理解さるべきであり、従つて、処罰の点については従属性はないと解すべきであろう。『共犯成立上の一体性』、処罰上の個別性』という原理は、幇助犯についてもあてはまるのである。この点に関しては、前段一一一頁参照。

それ故、常習賭博罪における常習性のように、犯人の一身に存する事情は、他の共犯者に対しては影響を及ぼさない。この点に関し、次のごとき判例がある。

【57】「刑法第百八十六条第一項ハ常習トシテ博戯又ハ賭事ヲ為シタル行為ヲ処罰スル規定ナルヲ以テ自ラ常習トシテ博戯又ハ賭事ヲ為シタル者ニ限リ該条ヲ適用スヘク単ニ他人ノ賭博行為ヲ幇助シタル場合ハ仮令其幇助者カ賭博ノ常習アル者ナルトキト雖モ常習賭博ノ従犯ヲ以テ論スヘキモノニ非ス」（大正三・三・一〇・一刑、大刑録二〇・二六六）。

なお、大正七年一月一六日第三刑事部判決（大刑録二四・二）、大正七年六月一七日第二刑事部判決（大刑録二四・八四四）、大正一二年二月二二日第二刑事部判決（大刑集二・一〇七）がある。

（二）幇助犯の処罰に関し第二に問題となるのは、その錯誤の場合である。例えば、傷害幇助の目的で殺人を幇助した者の責任如何である。判例は、傷害致死の刑責を負うものとする。

【58】正犯が、被害者に傷害を加えるに至るかも知れないと認識しながら、匕首を貸与して、これを幇助したところ、正犯において、殺人の意思をもつて、該匕首により右被害者を刺し殺した場合につき、「本件は、（中略）被告人の認識したところ即ち犯意と現に発生した事実とが一致しない場合であるから、刑法第三八条第二項の適用上、軽き犯意についてその既遂を論ずべきであつて、重き事実の既遂を以て論ずることはできない。原判決は右の法理に従つて法律の適用を示したもので、所論幇助の点は客観的には殺人幇助として刑法第一九九条、第六二条第一項に該当するが、軽き犯意に基き傷害致死幇助として同法第二〇五条、第六二条第一項を以つて処断すべきものであることを説示したものであることは判文上極めて明かであつて、その間何ら所論の如き曖昧な点はなく、原判決の法律の適用は正当であつて、論旨は理由がない」（昭和二五・一〇・一〇・三小廷、最刑集四・一〇・一九六七）。

共犯と身分

植田重正

はしがき

本稿は「共犯と身分」の問題を、本叢書の趣旨に随つて、専ら判例を対象として考えようとするもので、これを純理論的に研究しようとするものではない。従つて、特に問題として必要のない限りは、理論上この問題にとつて相当重要だと考えられるものでも、判例上格別にとりあげられていないものは、ここでは触れないこととする。だから、「共犯と身分」の関係といつても、本稿ではそのすべての問題点をとりあげてこれを論ずるものでないことを、ここで予じめ断つておきたいと思う。

尤も、かく言つても本叢書は単に判例を雑然と研究するだけのものでないこと固よりいうまでもないのであるから、能う限り判例を通じて「共犯と身分」の問題を理論的に研究したいと考えている。しかし、判例は学説ではないのであるから、これを理論的に研究するといつても自らそこに一定の限界がある。特に、「共犯と身分」の関係については、共犯論上の諸基本理論が判例自身の中に十分消化されているとは言い難いものがあり、それだけに又判例を整序して理論的に考察することに困難がある。のみならず、判例のとりあげ方についても、共犯の根本理論を如何に解するかによつて、可なり異つた考え方があり得るとおもう。この意味で、本稿にも、判例の解釈並にその採り上げ方について或いは片寄つたところがあるかも知れない。この点大方の叱正を得ればまことに幸いである。

一　前　論

一　問題の意義

犯罪は原則として行為者の身分に因つて影響をうけない。即ち何人によつて行われても、その者が責任能力者である限り、犯罪が成立し所定の刑を科せられるのが原則である。しかし例外として犯罪が身分に因つて影響をうける場合がある。例えば、直接に一般人によつては成立しないが、公務員たる身分をもつことによつて成立する収賄罪のような場合があり（所謂構成的身分）、一般人によつても犯罪は成立するが、しかし業務者たる身分を有することによつて特に加重類型を構成する横領罪や（所謂加重的身分）、懐胎の婦女たる身分があることによつて反対に減軽類型を構成する堕胎罪のような場合もある（所謂減軽的身分）。のみならず、逆に、一般人には禁ぜられているが、特に親族たる身分を有することによつて刑を免除される窃盗罪等の罪や、一定の免許受領者たる特定の身分をもつことによつてその行為を特に許容されるような場合もある（所謂消極的身分）。かように、犯罪は行為者の身分によつて諸種の影響をうける場合が例外的に存するのであるが、かかる犯罪に身分者と非身分者とが共犯関係に立つた場合、これを如何に解するかの問題がある。これが即ち『共犯と身分』の問題である。

現行刑法は、この問題につき、六五条一項に於て『犯人ノ身分ニ因リ構成ス可キ犯罪行為ニ加功シタルトキハ其身分ナキ者ト雖モ仍ホ共犯トス』と規定し、同条二項に於て『身分ニ因リ特ニ刑ノ軽重アルトキハ其身分ナキ者ニハ通常ノ刑ヲ科ス』と規定して、一応この問題を解決している。しかし、この規定の趣旨は、その解釈適用について必ずしも一義的ではなく、学説に於ても諸種の異見がある。従つて、共犯と身分の関係を考えるに当つては、先ずこの点を明らかにしなければならぬ。のみならず、共犯と身分の問題は、単にかような構成的及び加減的身分者と非身分者の問題にとどまらず、右に見た如き消極的身分と共犯の問題もある。刑法はこの一部について規定を与えてはいるが（二四四条二項、二五七条二項参照）、しかしその全部に亙つて解決しているわけではない。従つて、ここにも亦問題がある。この意味で、共犯と身分の問題は、すべてこれらの各場合についてこれを考察しなければならぬ。以下に於ても、従つて先ず構成的身分と共犯の問題を考え、次で加減的身分と共犯の問題を検討し、最後に消極的身分と共犯の問題について論及することとする。

二　身分の意義

ところで、この具体的な考察にはいる前提として、あらかじめここで身分の意義を明らかにしておくのが便宜である。

（一）　先ず身分の一般的意義について判例は次の如く説明している。

【1】『刑法第六十五条ニ所謂身分トハ必スシモ所論ノ如ク男女ノ性、内外国人ノ別、親族ノ関係、公務員タルノ資格ノ如キ関係ノミニ限ラス汎ク一定ノ犯罪行為ニ関スル犯人ノ人的関係タル特殊ノ地位又ハ状態ヲ指称スルモノトス故ニ刑法第二百五十三条ニ於テハ横領罪ノ目的物ニ対スル犯人ノ関係カ占有又ハ業務上ノ占有ナル特殊ノ状態ニ在ルコト即チ犯人カ物ノ占有者又ハ業務上ノ占有者タル特殊ノ地位ニ在ルコトカ各犯罪ノ条件ヲ成スモノニシテ刑法第六十五条ニ所謂身分ニ該ルモノトス』（大判明四四・三・一六刑録一七・四〇五。同旨、最判昭二七・九・一九刑集六・八・一〇八三）。

この判例の見解は、学説上も適切なものとして一般に支持されている。そこで、この見地から、特別法犯は別論とし刑法犯について、六五条に所謂身分に該るものを抽出するとおよそ次の如きものがある。

(1)　先ず、六五条一項に該る身分即ち構成的身分としては、一三四条の『医師、薬剤師、薬種商、産婆等々の者』、一五六条の『公務員』(大判明四四・四・一七刑録一七・六〇五。同旨、同明四四・四・二七刑録一七・六八七)、一六〇条の『医師』、一六九条の『法律に依り宣誓した証人』(大判昭九・一一・二〇刑集一三・一五一四。同旨、同、昭一〇・一一・二五新聞三九八四・一一)、一七一条の『法律に依り宣誓した鑑定人又は通事』、一八四条の『配偶者ある者』(大判昭七・五・二七評論二一刑法二三七)、一九七条以下の『公務員又は仲裁人』(大判大三・六・二四刑録二〇・一三二九。同旨、同、昭九・三・二六評論二三刑訴一三七)、二四七条の『他人の為め其事務を処理する者』(大判大・一三・一二・一五刑集三・八五一。同旨、同、昭八・九・二九刑集一二・一六八三。同、昭一三・四・八新聞四二八二・一六一七七。同、大三・六・一七刑録二〇・一二一八)、二五二条の『他人の物の占有者』(大判明四四・五・一六刑録一七・八七四。同旨、同、明四四・六・一五刑録一七・一一七〇)、二五四条の『占有を離れた他人の物の占有者』(大判大五・一一・一〇刑録二二・一七三三)などがあり、

(2)　次に、六五条二項に該る身分即ち加減的身分としては、一〇一条の『法令に因り拘禁せられた者を看守又は護送する者』、一三八条の『税関官吏』、一八六条一項の『常習者』(大判大二・三・一八刑録一九・三五三)、一九三条以下の『公務員』、二〇〇条、二〇五条二項、二一八条二項及び二二〇条二項等の『直系卑属たるの地位』(大判大七・七・二新聞一四六〇・二三。同旨、最判昭二五・一〇・一一刑集四・二〇三七。同、昭二五・一〇・二五刑集四・二一二六)、二一二条の『懐胎の婦女』(大判大八・二・二七刑録二五・二六四)、二一四条の『医師、産婆、薬剤師又は薬種商』(大判大九・六・三刑録二六・三八四)、二一八条の『老者、幼者、不具者又は病者を保護すべき責任ある者』、二五三条の『業務上他人の物の占有者』(大判明四四・八・二五刑録一七・一五一〇。同旨、同、大一五・五・二九刑集五・二二七。同、昭三・一〇・二九裁判例三刑六九。同、昭一五・三・一刑集一九・六三。最判昭三〇・八・一八刑集九・九・二〇三一)などがあるということになる。

(二)　身分とは右のように、一定犯罪行為に対する犯人の人的関係たる特殊の地位又は状態をいうのであるから、裏からいうと、かかる地位又は状態を有することが特殊で、有しないことが一般であ

るものが身分だということになる。従つて、かような地位又は状態にないという消極的事情が、逆にかかる積極的事情に対して身分となるということはない。このことは一見当然のようでありながら、案外誤解がないではない。注意を要する点である。次の判例はこの点を明らかにしたものである。

【2】『刑法第六十五条第一項ニ所謂身分トハ或ル特定ノ犯罪ニ付キ其犯人ノ具有スルコトヲ必要トスル特殊ノ人的関係ヲ汎称スルモノニシテ狩猟免許ヲ受有セサルコトハ狩猟法第二十一条違反者タルニ付法律上必要ナル身分タルコトヲ失ハスト雖モ同法第三条及第二十一条ノ規定ヲ彼是対照シテ考フルトキハ同法ノ趣旨ハ単ニ狩猟行為ヲ為スニ付キ免許ヲ受クルコトヲ必要トシ免許ヲ受ケスシテ狩猟行為ヲ為スコトヲ処罰スルト謂フニ過キサルカ故ニ特ニ無免許者ナル身分ヲ生スト解ス可キモノニ非ス』（大判大一〇・一二・二四評論一一刑法二六三）。

【3】『衆議院議員選挙ニ際シ選挙委員カ無資格運動者ト共謀シ議員候補者ニ当選ヲ得シムル目的ヲ以テ金員ヲ選挙運動者ニ供与シタルトキハ選挙委員モ亦無資格運動ヲ為シタルモノトシテ衆議院議員選挙法第九十六条第一項ノ罪責ヲ免レサルコト本院判例（昭和十二年二月十七日宣告）ノ示ス所ナリ原判決中……ノ事実ハ論者摘録ノ如ク被告人Yハ選挙事務長同Fハ選挙委員ナルモ無資格運動者ト共謀シテ選挙運動者ニ金員ヲ供与シタル被告事件ニシテ選挙事務長モ亦選挙委員ト同一ニ論結スルモノナレハ原判決ニ於テ被告人Yニ対シ無資格選挙運動ヲ為シタル点ニ付テモ法律ノ適用ヲ為シタルハ正当ナルモ刑法第六十五条第一項ヲモ直接適用セルハ失当ナリ』（大判昭一二・一〇・二九刑集一六・一四一七）。

なお次の判例も厳密にいうと適切ではないが、一応これに準じて考えてよい。

【4】『住居侵入の罪は故なく人の住居……に侵入し又は要求を受けてその場所から退去しないことによつて成立するものであつて、犯人の身分により構成され又は刑の軽重を来たすべき犯罪でない。唯犯人と被害者との間に、特別な身分関係――例えば親族の関係――が存在するようなときは、かかる身分関係のない者の場合よりも、その侵入が「故なく」為されたものでないと見るのを相当とする場合が比較的多いであろうといい

得るに過ぎない。本件において、原審は「被告人が第一審相被告人三名と共謀して、当時出奔していた実父I方に、共犯者にはその実父の家であることを告げず、午後一一時三〇分頃強盗の目的を以て侵入した」という事実を認定しているのである。……されば原審の確定した被告人等の右所為は、数人共同して住居侵入罪を実行した場合に該当すること勿論であつて、刑法一三〇条第六〇条により問擬せらるべきものである。しかるに、原審は右事実を認定しながら刑法第六〇条を適用せず、犯人の身分により構成すべき犯罪行為に加功したその身分なき者をなお共犯とする同法第六十五条第一項を適用したのは論者主張の通り擬律の錯誤あるものといわさるを得ない。』(最判昭和二三・一一・二五刑集二・一二・一六四九)。

(三) 更に、身分については、かかる『特殊な地位又は状態』がある程度継続性あることを要するか、又は単に一時的のもので足るかについて問題がある。例えば、行為者の一時的な特殊な心理状態(動機や目的の如き)も、ここに所謂身分に該るかの問題がこれである。ドイツの学説では――特に二一一条の謀殺罪と二一二条の故殺罪に関し――これを肯定する傾向にあるが(Vgl. Schönke, Kommentar, 6 Aufl, S. 191. Welzel, Das Deutsche Strafrecht, 4 Aufl. S. 89 u. 209. Mezger, Strafrecht, I 6 Aufl. S. 231)、わが国では固有の意味で六五条の所謂身分に該らないとするのが通説である(尤も旧刑法時代には学説上これを肯定する者もあつた。例えば小疇・総則四〇八頁参照)。次の判例も亦この見地に立つている。

【5】『原判決ノ判示事実ニ依レハ被告Eハ……乙女ヲ向フ六ケ年間ノ稼高ニテ前借金六百円ヲ弁済スヘキ約束ヲ以テ芸妓ニ抱ヘ置キタル処其ノ後……乙女ハ無断逃走シテ実家ニ帰リタルニ依リ原審共同被告Tニ対シ乙女ヲ伴ヒ来ラハ報酬金百円ヲ与フヘシト告ケ被告Dハ右ノ事情ヲ知テEト三名共謀ノ上Tニ於テ……乙女ヲ欺キ遂ニ乙女ヲ被告等ノ支配内ニ移置スルニ至リタルモノナルヲ以テTニ営利ノ目的アリタルコトハ論ナキ所ニシテ又刑法第二百二十五条ノ営利ノ目的ハ同法第六十五条第一、二項ノ犯人ノ身分ニハ該当セサルニ依リ既ニ此ノ点ニ於テEDノ行為ハTト同シク刑法第二百二十五条ノ営利誘拐ノ罪ヲ構成スルモノトス』(大判大一四・一・二八刑集四・一四)。

尤も、一部の学説に於て、この種の（加重）目的を有する者と然らざる者とが共犯関係に立つたときは、直接六五条二項の規定には該当しないが、しかしその趣旨に準じて処理すべきである、とする見解のあることに注意すべきである（例えば木村・各論七五頁）。

三　身分犯の合憲性

なお、ここで身分犯の合憲性の問題に一応触れておきたい。蓋し、憲法一四条一項には『すべて国民は、法の下に平等であつて、人種、信条、性別、社会的身分又は門地により、政治的、経済的又は社会的関係において、差別されない』と規定されているから、身分犯の如く特殊の地位又は状態によつて、その取扱いに差別を設ける如きことは、果して合憲であるか否かにつき、一応問題があるからである。この点に関し次の三つの判例がある。

（一）　先ずその一つは尊属傷害致死事件に関するもので、少数意見はこれを違憲としたが多数意見はこれを合憲として支持した。その判示の要領は次の如くである。

【6】『おもうに憲法一四条が法の下における国民平等の原則を宣明し、すべて国民が人種、信条、性別、社会的身分又は門地により、政治的、経済的又は社会関係上差別的取扱を受けない旨を規定したのは、人格の価値がすべての人間について平等であり、従つて人種、宗教、男女の性、職業、社会的身分等の差異にもとづいて、あるいは特権を有し、あるいは特別に不利益な待遇を与えられてはならないという大原則を示したものに外ならない。……しかしながら、このことは法が、国民の基本的平等の原則の範囲内において、各人の年齢、自然的素質、職業、人と人との間の特別の関係等の各事情を考慮して、道徳、正義、合目的性等の要請より適当な具体的規定をすることを妨げるものではない。刑法において尊属親に対する殺人、傷害致死等が一般の場合に比して重く罰せられているのは、法が子の親に対する道徳的義務をとくに重視したものであり、これ道徳

にもとづく法による具体的規定に外ならないのである。原判決は、子の親に対する道徳的義務をかように重要視することを以て、封建的、反民主主義的思想に胚胎するもの……であるというが、夫婦、親子、兄弟等の関係を支配する道徳は、人倫の大本、古今東西を問わず承認せられているところの人類普遍の道徳原理、すなわち学説上所謂自然法に属するものといわなければならない。……さらに憲法一四条一項の解釈よりすれば、親子の関係は、同条項において差別待遇の理由としてかかぐる、社会的身分その他いずれの事由にも該当しない。……はたしてしからば、刑法二〇五条二項の規定は、新憲法実施後の今日においても、厳としてその効力を存続するものというべく、従って本件において原審が被告人の尊属致死の所為を認定しながら、これに同法条の適用を拒否し、一般傷害致死に関する同法二〇五条一項を擬律処断したことは、憲法一四条一項の解釈を誤り当然に適用すべき刑事法条を適用しなかった違法があることに帰し本件上告はその理由があるのである』（最判昭二五・一〇・一一刑集四・一〇・二〇三七。なお尊属殺人罪に関し、同、昭二五・一〇・二五刑集四・一〇・二一二七参照）。

この判例に関しては学説上にも亦議論がある。一部に於ては、少数意見と同様違憲だとするものがあり（平野・評釈一二巻二〇七頁。井上・各論六四頁）、又違憲の疑が濃厚だとするものもあるが（団藤・刑法三〇〇頁）、まず多数は判例と同様合憲説をとる如くである（小野・評釈一二巻一九八頁。滝川・各論・二九頁。植松・各論一七一頁。平場・各論二〇三頁）。固よりその論拠は必ずしも一様でない。例えば、植松教授は、人は終生子たるわけでなく親たる身分も持ち得るのであるから、二〇〇条は結局人はすべて平等に子として重き責任を負い、親として厚遇されることを認めたもので、その間特に不平等はないとされており、又小野博士は、憲法の思想的要請からすれば尊属殺人罪の如きは否定される傾向にあるが、しかし所謂自然法といっても現実の人倫的自然と遊離して存すべきものでないから、わが国現在の家族的人倫的自然から観ると、直ちにこれを以て違憲だといい得ないとされている。しかし、肯定説でも、この種の罪が立法論的に果して必要且つ妥当とされるかの点については、概ね否定的見解をとつていることに注意しなければならぬ。

（二） 次は、常習賭博罪と業務上横領罪に関するものである。

【7】 『刑法一八六条の常習賭博罪は同一八五条の単純賭博罪に比し、賭博常習者という身分によつて刑を加重していることは所論のとおりである。そして右加重の理由は賭博を反覆する習癖にあるのであつて、即ち常習賭博は単純賭博に比しその反社会性が顕著で、犯情が重いとされるからである。そして常習賭博者というのは、賭博を反覆する習癖、即ち犯罪者の属性による刑法上の身分であるが、憲法一四条にいわゆる社会的身分と解することはできない。されば刑法一八六条の規定をもつて憲法一四条に違反するものであるとの論旨は到底これを採用することができない。』（最判昭二六・八・一刑集五・九・一七〇九）。

【8】 『刑法二五三条は人の地位、身分によつて差別を設けたのではない、如何なる身分、地位にある人でも、自己の業務に関して横領した時はそれ以外の横領より重く罰せられるのである。又業務の種類によつて差別を設けて居るわけでもない。如何なる業務でも同じなのである。即ち「業務に関する」という行為の属性についての区別であつて、人についての区別ではない。何等の業務をも持たない人は、右法条の罪を犯す機会がないわけだけれども、それは偶々その機会を持たないというだけのことであつて、その為第二五三条が業務者と持たないものとの間に差別を設け後者を前者より優遇する趣旨でないことはいうまでもない。……即ち差別の目標は行為の属性にあるので、人の地位、身分にあるのではない。……総ての刑罰法条は只行為を標準として処罰条件を定めたものであつて、国民中に事実上所定の罪を犯す機会を持ち得ない者があるからといつて、そのため法が右の如き者と然らざる者との間に差別を設けたものといえないことはいう迄もあるまい。これと同様に刑法の中には行為の属性によつて刑の加重要件を定めた条文は多々ある。例えば第一八六条、第二一一条等の如きである。……所論の違憲論は、同条は人による差別を設けたものであるとの誤解に出でたもので、違憲論としては前提を欠くものである』（最判二九・九・二二刑集八・九・一五〇八。同旨、同、昭三〇・八・一八刑集九・九・二〇三一）。

この判例については、学説上にも別に異論はない。判旨も亦結論に於て正当であるといつてよい。

従つて、右のような判例の立場から推すと、現在刑法に所謂身分犯には、特に憲法一四条の規定に違反すると考えられるものは一応見当らない、ということになるであろう。従つて又、以下の本稿に於ても、学説上の疑義は別とし、一応右の判例の立場を前提として、共犯と身分の関係を見ることとする。

二　構成的身分と共犯

一　六五条一項の根拠

刑法六五条一項は『犯人ノ身分ニ因リ構成ス可キ犯罪行為ニ加功シタルトキハ其身分ナキ者ト雖モ仍ホ共犯トス』と規定する。『犯人ノ身分ニ因リ構成ス可キ犯罪』は通常真正身分犯と呼ばれ、所謂不真正身分犯（六五条二項）と区別されている。蓋し、後者はその身分がなくても法定刑を異にするにとどまり犯罪自体は成立するに反し、前者はその身分がなければ犯罪自体の成立が否定されるからである。ところで、かような真正身分犯に於ける身分が如何なるものであるかについては既に上述した。従つて、例えば公務員でない者が公務員を教唆してその職務に関し賄賂を収受させたり、又第三者が他人の物の占有者の横領行為を幇助したようなときは、本規定によつて、収賄罪の教唆犯又は横領罪の従犯を横成するということになる。これが本条項の趣旨である。

尤も、かように本来直接には処罰されない者が、何故に身分者に加功したときに処罰されるのか、の理由については理論上問題がある。学説の一部ではこれを否定する見解もあるが（大場・総論一〇八三頁、従つてこの見地からは本条項は畢竟政策的規定だということになる）。通説はこれを肯定する。しかしその理由は一様でない。即ち、これを『規範の受命者』から論ずるもの（宮本・学粋四二四頁）、『違法の連帯性』に求めるもの（滝川・序説三三五頁）、『共同意思主体』に置くもの（草野・要論一三八）、『共犯成立上の一体性』に求めるもの（斉藤『共犯理論の研究』一九三頁）、『共同責任の理念』に基礎づけるもの（小野・講義二一五頁）、或いは『共犯の従属性』から論ずるもの（泉二・総論六四七頁）等々種々のものがある。判例も亦この見地に立つものといつてよい。この点は、この種の規定のなかつた旧刑法の時代に於ても（旧刑法一〇六・一一〇条参照）、なお例えば収賄罪を幇助した非身分者にその従犯を認め（大判明三三・一一・二六刑録六・一〇・四九。同旨、同、明三五・三・二八刑録八・三・八九）、証人の資格のない者が偽証罪を幇助した場合にも亦同じくその従犯を認めた（大判明三四・一二・二〇刑録七・一一・一三）ことから、容易にこれを理解することができるとおもう。

かように、本規定の根拠は、判例並に通説によつて斉しく肯定されているのであるが、しかしこの規定の具体的適用については一、二の点に於て異見がないわけではない。従つて、以下この点について説明する。

二　六五条一項の適用範囲

六五条一項の規定が如何なる範囲に亙つて適用されるか、については二つの問題がある。その一つは、一切の共犯形式に本条項は適用があるかの問題であり、他の一つは、所謂真正身分犯についてのみ本条項は適用があるかの問題である。

（一）　そこで、先ず最初の問題であるが、この点については、判例の見地にも一応変化があり、学説も亦異見があつて一致していない。

(1)　曾つて、判例は、証人たる資格のない被告の偽証教唆に関し、本条項は共同正犯に限つてのみ適用があり、教唆（及び幇助）犯には適用がないとして、次の如く判示したことがある。

【9】『刑法第六十五条ハ共同正犯ニ関スル例外規定ニシテ之ヲ教唆ニ適用ス可キモノニアラサルコトハ同条文ニ「犯罪行為ニ加功シタルトキ」トアルニ因テ明瞭ナルノミナラス犯人ノ身分ニ依リ構成スヘキ犯罪ハ其身分ヲ有セサル者ニ於テ之ヲ実行スルモ犯罪ノ構成要件ヲ欠如スルヲ以テ右例外規定ノ存スルニアラサルヨリハ之ヲ処罰スル能ハサルモ教唆ハ正犯ニ従属シ常ニ正犯ト運命ヲ共ニスヘキモノナレハ犯人ノ特別身分ヲ有スルト否トニ拘ハラス正犯ニシテ其身分ヲ有スル以上ハ常ニ正犯ニ準シテ処罰スヘキモノナルヲ以テ特ニ例外規定ヲ設クルノ要ナシ故ニ原院カ刑法第百六十九条同第六十一条第一項ヲ適用シ同第六十五条第一項ヲ適用セサリシハ正当ナリ』（大判明四四・一〇・九刑録一七・一六七二）。

つまり、この判旨は、教唆は共犯だといつても共同正犯と異なつて従属的なものであるから、六五条一項の規定によらず、当然正犯に準じて処罰さるべきだとしたものであつて、畢竟右の旧刑法時代の判例をそのまま踏襲したものだといつてよい。

(2)　しかし、その後判例はその態度を改めて本条項は共犯一般に適用あるべきものとし、次のように判示するに至つた。

【10】『犯人ノ身分ニ因リテ構成スル犯罪ニ付キ身分ナキ者カ加担スルニ於テハ共犯ヲ以テ之ヲ論スヘキコトハ刑法第六十五条第一項ニ規定スル所ニシテ加担行為ノ種類ニ従ヒ或ハ実行正犯タルヘク或ハ教唆若クハ従犯タルヘシ』（大判大四・三・二刑録二一・二〇六。同旨、同、昭九・一一・一〇刑集一三・一五二八）。

尤も、この判例は、業務上横領罪に共謀加功した非身分者を共同正犯としたもので、現実に教唆又は幇助犯を認めたものではない。だから、厳格な意味で右の趣旨を判例とするには一応問題があるが、しかし次の如く、六五条一項を適用して現実に教唆及び幇助を認めたものもある。

【11】『……被告等ハ区裁判所雇トシテ登記判事ノ命ニ依リ登記事務取扱中ナリシ相被告Y及ヒ原審相被告

Sヲ教唆シ不動産ノ所有権移転登記ノ申請ヲ為ス際登録税標準価格ヲ不当ニ低下シタル価格ヲ申出テ同人等ヲシテ其不当ノ低価ナルコトヲ知リナカラ之ニ依リテ印紙ヲ貼用シタル申請書ヲ受理シテ登記ヲ了セシメ以テ登録税ヲ逋脱スルヲ得セシメ其任務ニ背キテ国家ニ損害ヲ加ヘタリト言フニ在レハ孰レモ背任罪ノ教唆ナリトシテ処分シタル原判決ハ正当ナリ』（大判大三・四・一〇刑録二〇・五〇六）。

【12】　事実は『被告人ハYカ他ノ者ニ拳銃実包ヲ譲渡スル事カ其ノ他ノ者ノ密輸出ノ為ナル事ノ情ヲ知ラス単ニ同人カ法定ノ資格ナキ者ニ対シ拳銃実包ノ譲渡ヲ為スモノナルノ情ヲ知リ之ニ対シ幇助行為ヲ為シタ』というのである。

『原判決ノ説明ニ依レハ被告人ノ責任ハ営業者タルYノ所論犯行ニ対スル幇助ナリト認ムルモノニシテ刑法第六十五条第一項ニ依ルトキハ身分ナキ者ト雖身分ニ因リ構成スヘキ犯罪行為ニ付之カ共犯ト為ル事ヲ得ルモノナレハ原判決カ被告人ノ所為ヲ従犯トシテ正犯ニ対シ適用スヘキ所論第四十二条第四十五条ヲ基礎トシテ之ヲ適用処断シタルハ相当ナリ』（大判昭三・五・二四刑集七・三九六）。

(3)　かように、判例は今日では六五条一項はすべての共犯につき適用があるとしているのであるが、しかし実例として判例が認めたものは共同正犯に関するものが圧倒的に多い。即ち、非公務員が公務員と共謀してその職務に関し賄賂を収受した場合（大判大三・六・二四刑録二〇・一三二九。同旨、同、昭七・五・一三刑集一一・六一四。同、昭九・三・二六評論二三刑訴一三七）、私人が公務員と共謀してその職務に関する公文書を偽造した場合（大判明四四・四・一七刑録一七・六〇五。同旨、同、明四四・四・二七刑録一七・六八七。同、昭八・三・九評論二二刑訴三六一）、宣誓しなかつた者でも宣誓した証人と共謀して偽証せしめた場合（大判昭九・一一・二〇刑集一三・一五一四。同旨、同、昭一一・二・二五新聞三九八四・一一。同、昭一二・一一・九刑集一六・一五四五）、常人が他人の事務を処理する者の背任行為を共謀してその背任行為に加功した場合（大判昭八・九・二九刑集一二・一六八三。同旨、同昭一三・四・八新聞四二八二・一六）、非占有者が他人の物の占有者と共謀してその占有物を横領した場合（大判明四四・五・一六刑録一七・八七四。同旨、同明四四・六・一五刑録一七・一一七七。同、大三・六・一七刑録二〇・一二一八。同、大四・三・二刑録二一・一九四）、占有離脱物の占有者と共謀してその物を横領した場合（大判大五・一一・一〇刑録二二・一七三三）、或いは吏員の身分なき者が選挙事務に関係ある吏員の関係区域内に於ける選挙運動に共謀加功した場合（大判昭六・七・一〇、裁判例五刑法一八）、債務者その他破産法三七六条に規定する身分のない者が詐欺破産罪に加功した場合（大判昭一〇・三・一、三刑集四・二二三）、米穀供出義務のない者が供出義務者と共謀して所定の時期に米穀を政府に売り渡さない場合（東京高判昭二三・五・一、七刑集一・二・一四六）等々に於て、判例は非身分者であつても、且つその非身分者が当該身分者と共同して現実に実行したと否とにかかわらず、すべて六五条一項により共同正犯が成立する、としている。これは、言うまでもなく、判例がその所謂共謀共同正犯論の立場をとつているからに外ならないのであつて、この点は学説上異論のあるところである。しかし、それはともかく、本項に関し教唆及び幇助を認めた実例が偽証罪の場合を除いて比較的少いのは、主としてここにその理由があるといつてよい（偽証罪について教唆を認めた判例としては、大判大二・一〇・三刑録一九・九〇五。同、大三・四・二九刑録二〇・六五四。同、昭七・三・一〇刑集一一・二八六。同、昭八・二・一四新聞三五二三・七。最判昭二八・一〇・一九刑集七・一〇・一九四五、等の外若干のものがある）。

(4)　判例の見解は右の如く、現在ではすべての共犯につき、本項の適用を認めるのであるが、しかしこの点に関する学説は必ずしも一致していない。一部では、右の旧判例の如く、本項は共同正犯に限つてのみ適用があり、教唆・幇助犯に関しては適用がないとする見解もないではないが（泉二・総論六四七頁、井上・総論二四〇頁）、多数説は右の判例と同じく、本条項は共犯一般につき適用あるものと解している（牧野・日本刑法上四五六頁、宮本・大綱二〇六頁、草野・要論一三九頁、木村・読本二九三頁、江家・講義四〇六頁、斉藤・総論二五二頁、安平・総論三六八頁）。しかし、この多数説に対しては、なお次の如き異見がある。即ち小野・滝川両博士の見解がそれであつて、『この場合「共犯とはすべての共犯形式を含むであらうか。教唆犯又は幇助犯、即ち狭義の共犯だけを指すのではなからうか、の疑がある。……共同正犯は本来正犯、即ち実行者であり、身分犯はその身分ある者のみが之を実行し得るものと解するときは、茲に所謂「加功」とは実行以外の加功であり、「共犯」とは教唆犯又は幇助犯を意味することになる』(小野・講義二一五頁)とされ、又『……身分なき者が身分ある者の犯罪に共同正犯として関与し得るか否かは問題である。元来、身分は正犯としての身分であり、教唆犯または従犯としての身分ではない。身分ある者の犯罪実行であからこそ可罰的違法性を認められるが、身分なき者について同一程度の可罰的違法性を認める理由は存しない。否、認めよということは法の精神を越えた誇張である。……このことは身分なき者の正犯を否定する推論を導くべきである。即ち刑法六五条一項にいう「共犯」は固有の意義の共犯、即ち教唆犯及び従犯でなければならない』(滝川・序説三三六頁。尤も滝川・各論二五八頁は収賄罪に関し非身分者も共同正犯たり得るとしていられる)。とされている。つまり、身分犯の実行は本来身分者のみに可能であるから、共同実行者たる共同正犯は当然身分なき者には成立しないとする見解である。だから、この見解によると、六五条一項は、右の旧判例とは逆に、共同正犯に限りむしろその適用が排除されるということになる。言いかえると、右の(3)に挙げた諸種の事例の場合でも、非身分者が身分者と共同して行為に出ると否とに拘らず、判例と反対に、すべて共同正犯でなく教唆又は幇助犯が成立するということになる(同説、団藤・刑法一五九頁、平場・総論一六八頁)。ここにこの見解の特色がある(ドイツの通説も亦この立場である)。尤も、右の多数説の見地でも、判例のような所謂共謀共同正犯論を採らない立場では、非身分者が現実に身分者の実行に共同しない限り、右の見解と同じ結論となることに注意すべきである。

(二)　六五条一項が共犯一般に適用があるか否かにつき右に見たのであるが、本項の適用に関してはなお別の立場から問題がある。即ち、本項は所謂真正身分犯にのみ適用があるのか、それとも単にこの場合のみに止まらず所謂不真正身分犯についても亦適用があるのか、の問題がこれである。当初に述べた第二の問題がこれに外ならない。ところで、この点に関する従来の学説並に判例は、六五条一項は真正身分犯にのみ適用があり、六五条二項は不真正身分犯についてのみ適用がある、とするのが一般の傾向であつたといつてよい。しかし、この見解に対しては一部に於て異論があり、同条一項は単に真正身分犯のみならず不真正身分犯についても亦適用がある、とする見解がある。即ち、団藤教授の見解がこれであつて、『「犯人の身分に因り構成す可き犯罪行為」とは、すなわち身分犯である。その身分がなければなんらの罪を構成しないもの（真正身分犯）と、その身分がなければ他の――法定刑がそれよりも重いか軽いところの――罪を構成するもの（不真正身分犯）との二種類がある。収賄罪は前者の例であり、尊属殺の罪は後者の例である。どちらも行為者が身分を有することによつてはじめてその罪が構成されることに変りはない』とされ、従つて『第六五条一項が真正身分犯、第二項が不真正身分犯に関するものと考えるのは妥当でない。第一項は――両者を通じて――共犯の成立の問題、第二項は――とくに不真正身分犯だけについて――科刑の問題を規定したものであるとおもう』とされている（団藤・刑法一五八頁）。つまり、六五条一項は、単に非公務員が公務員の収賄に加功するような場合にとどまらず、他人が子を教唆してその親を殺させたような場合にもなお適用があり、この適用によつて他人は尊属殺人罪（二〇〇条）の教唆犯となるのであるが、しかし身分がないから六五条二項によつてただ科刑の点で普通殺人罪（一九九条）の刑を適用されるにとどまる、とするものである。要約すると、六五条二項は単に科刑の点だけを規定したもので共犯の成立とは関係がなく、後者には専ら六五条一項のみが適用し、その限り身分犯の性質如何を問わない、ということになる。この意味でこの見解は六五条一項の適用に関し、別の問題を提起するものといつてよい。

　この教授の見解は、いろいろの点で問題を含んでいると思われる。直接の問題としては六五条一項の適用の問題であるが、しかしこの根底には共犯の根本問題がひそんでいる。従つて、これを問題とするためには、より根本的な立場からの検討が必要とされるわけであるが、ここでは固より不可能である。のみならず、これを六五条一項の適用のみの問題に限定し、判例との関連に於てこれを考えるとしても、事柄の性質上、六五条二項と分離して考えるわけにはいかない。従つて、叙述の前後を避けるために、この問題は一応後述にゆずり、加減的身分と共犯の問題を説明する際に、改めて触れることとしたいとおもう。

三　身分者が非身分者に加功した場合

六五条一項は、右に見たように、非身分者が構成的身分者に加功した場合を規定したものであるが、それでは逆に、この種の身分者が非身分者に加功した場合は、これを如何に解すべきであろうか。例えば、公務員が非公務員に情を明して、賄賂を収受せしめたり又はその職務に関する虚偽文書を作成せしめたりするような場合がこれである。この場合も、身分者と非身分者とが共同して犯罪を成立せしめたことに変りがないし、又その身分が構成的身分であることも同じである。従つて、この場合も構成的身分と共犯の問題に関係があるといつてよいということになる。しかしこの場合は、現実に賄賂を収受し、文書を作成した者は、非公務員であつて公務員ではない。公務員は単にこれを教唆したに過ぎない。だから、この場合、この両者を如何に考えるかは、改めて又別の立場から問題となるといわねばならぬ。

（一）　判例には、この種の場合に該当する適格な事例がない。ただ、参考になる判例として食糧管理法違反事件に関し一応次の如きものがある。

【13】『原判決の事実摘示を証拠と対照してこれを読めば、原判決の認定事実は、判示会社の代表取締役である被告人がYと共謀の上被告人の娘Tを介して会社の使用人Sに命じて同人を自己の手足として判示米を自ら運転輸送した趣旨であつて、Sを教唆し又は同人と共謀した趣旨でないことが明白である。そして、かく認めることは、挙示の証拠に照し社会通念上適正妥当である。従つて、Sがその情を知ると否とにかかわらず被告人の行為が運搬輸送の実行正犯たることに変りはないのである』（最判昭二五・七・六刑集四・七・一一七六）。

この判例は、被利用者を学説に所謂『故意ある道具』doloses Werkzeug として認め、被告人をこの種の道具を利用した間接正犯だとした点に特色があるが（尤もその当否は問わない）しかしこの判例をそのまま問題たる右の場合に当てはめることはできない。蓋し、前者は通常の犯罪であるのに対し後者は真正身分犯たる点に於て相違があり、且つ後者の身分者と非身分者との関係は、必ずしも前者の使用者と被使用者の如き自己の手足となるような支配・従属の関係にあるとは限らないからである。なお、判例には、この外、身分犯に関し間接正犯を認めた実例はあるが、これはいずれも非身分者が情を知らない身分者を利用して犯罪を犯した場合であつて、これ又直接本問題とは関係がない（大判昭一一・二・二四刑集一五・一一三。同旨、同、昭一五・四・二二刑集一九・一八一参照）。

（二）　そこで、この問題は専ら学説に従つて理解するということになるわけであるが、しかし、この点に関する学説は従来可なり複雑であつて、諸種の異見がある。今これを大別すると、およそ次の如く三つの見解に岐れる。

(1)　第一説は、非身分者を正犯とし身分者を共犯とする見解である。その理由として草野教授は次の如く述べていられる。即ち『刑法第六五条第一項が「犯人ノ身分ニ因リ構成ス可キ犯罪行為ニ加功シタルトキハ、其ノ身分ナキ者ト雖モ仍ホ共犯トス」と規定して居るのは、例へば非公務員が公務員を教唆して其の職務に関し虚偽の文書を作成せしめるが如き場合に、非公務員も共同加功した故を以て刑法第百五十六条の罪の教唆の刑責を負はざるべからざることを意味するのである。蓋し、此の場合に於て、非公務員は公務員と、公務員たる身分に因つて構成すべき犯罪を共同して行ふ意思連絡の下に一体となることによつて、公務員たる身分を取得すると看做さるるのである。而してこの理は公務員が非公務員に情を明かして其の職務に関し虚偽の文書を作成せしめたる場合に於ても異る所はないのである。随つて、非公務員は刑法第百五十六条の実行正犯を以て処罰さるべきである』（草野・要論一三八頁。なお、斉藤『共犯理論の研究』一九四頁）とされているのがこれである。この教授の見解は、教授の所謂共同意思主体的共犯論から導かれたものであること固よりいうまでもないが、しかしこれと全く異る立場から同じ結論を認める学説がないではない。例えば佐伯教授の見解がそれであつて、教授は『我々の立場からは共同正犯は実行の分担を要する。故に、例へば公務員が自己の職務に関し情を明かにして非公務員をして虚偽の文書を作成せしめたときは一寸困難がある。蓋し公務員は実行を分担していないし、又直接行為者は〔非？〕公務員でないから其の行為も完全なる可罰的違法類型の実現といへぬからである。然し私は恰も本条項を以て斯かる場合に於て非公務員を正犯として、公務員を教唆犯として罰することを可能にする規定であると解するのである』（佐伯・総論一九年版三五一頁）とされている。この教授の見解は、共犯の従属すべき行為は、必ずしも単独で可罰類型を充実する行為（所謂制限従属形式）に限らず、共犯に存する事情と合して完全な可罰類型を構成する行為であれば足るとする教授特有の見解に基くのであつて（佐伯・同書三三九頁）、刑法六五条一項は恰もかかる場合をも含む規定である、とされるのがその趣旨である。

(2)　第二説は、この種の身分者を間接正犯とし、非身分者を幇助犯（又は無罪）とする見解である。大場博士は、この見地をとられ『或種ノ犯罪ニ在リテハ特定ノ資格ヲ有スル者ニ非サレハ犯罪者タルコト能ハサルモノアリ。例ヘハ公務員ノ収賄罪ハ公務員ニ非サレハ之ヲ犯ス能ハス。然ルニ公務員カ通常人ヲ使用シテ公務員収賄罪ノ実行行為ノ全部ヲ為サシメ自己ハ其実行ニ干与セサルトキハ是レ本項ノ所謂犯罪能力ナキ者ヲ使用スルニ依ル間接正犯ノ場合ナリ。此場合ニ於テ直接実行者ニシテ其情ヲ知リタルトキハ間接正犯者ノ犯罪行為ヲ幇助シタルモノニシテ即チ従犯ナリ』（大場・総論一〇二〇頁）とされ、又平場教授も『身分犯においては身分は正犯の要件である。ところで身分者が非身分者を利用して身分犯を行つたばあいを如何に解すべきか。……例えば公務員がその妻をして賄賂を収受させ、医師が看護婦に命じて不実の証明書を作成させたようなばあいをどう解すべきか。これは結局当該構成要件の解釈、即ち当該構成要件の予想する程度の実行行為であるか否かにより決しよう。上例の妻は公務員宛の賄賂の伝達機関にすぎず、また看護婦は医師名義の文書の筆記機関にすぎぬのだからそれぞれ公務員乃至医師を正犯と解すべきである』（平場・総論一五二頁）として、同様の見地をとられている。つまり、この見地は、非身分者は構成要件上所定の資格を欠くのであるから、たとえその情を知つていても、身分犯の独立の実行者（正犯）たり得るものではなく、むしろ所謂『資格なき故意ある道具』qualifikationsloses Werkzeug として単に幇助犯に該当し、正犯はかかる道具を利用した身分者自体にある、とする点に帰着するといつてよい。わが国の多数説はいずれかといえばその見地に立つており（滝川・序説二九三頁。安平・総論・三四四頁。団藤・刑法五五頁。但し小野慶『共犯と身分』刑事法講座三巻四九六頁は非身分者を無罪とする）、ドイツに於てもこの見地が又圧倒的に多数である（Vgl. Mezger, Strafrecht. I. 6 Aufl. s. 223, Welzel, Das Deutsche Stafrecht, 4 Aufl. S. 77, Schönke, Kommentar,

6 Aufl. S. 167)。

(3) 第三説は、この種の身分者を教唆犯とし、非身分者を幇助犯とするもので、これによると『教唆犯が成立するためには、被教唆者が現実に犯罪を実行したことを必要とする。——かかる犯罪の実行は、被教唆者の立場から見た犯罪の実行でなく、教唆者自身の立場から見た犯罪の実行と解すべきであつて、この点は特に注意を要する。従つて、若し被教唆者の立場から見て、独立には犯罪の実行と解し得ない場合であつても、その行為が背後の教唆者の立場から見て……教唆犯としての実行と解される限り、ここに所謂教唆の実行である……かかる次第であるから、例えば公務員が非公務員に依頼して、賄賂を収受せしめた如き場合に於ても、非公務員の行為を独立に考えると、要件たる身分を欠くから収賄の実行といい得ないが、公務員の立場から見れば、右の行為は恰も収賄の実行であつて、従つて公務員は収賄の正犯でなく教唆犯となるわけである。而してこの場合、非公務員の行為は、それ自身では実行でないのであるから、刑法第六五条第一項により、幇助犯を構成すると解されねばならぬ』(植田・要説二四八頁)と説かれている。この見解は、身分者については第一説と同様これを教唆犯とし、非身分者については第二説と同じくこれを幇助犯とするものであるが、しかしその論拠を共犯論上に所謂従属犯説と事実共同説とに求めるものといつてよい。尤も、共犯独立犯説の見地からも、これと同じ結論を承認する見解のあることを一応注意しておかねばならぬ(金沢『共犯と身分』演習講座刑法二三三頁)。

右に於て、構成的身分者が非身分者に加功した場合につき、その取扱いの大要をみたのであるが、これによると判例にも適格なものがなく、又学説にも統一的見解のないことが知られる。このことは、この種の場合を規定する直接の明文がなく、専ら理論にまかされていること、従つて又共犯を如何に考えるかの根本的相違に由来するといつてよい。だから、これを実際上解決するためには立法措置を俟つより外ないとおもわれるが、しかし改正仮案もこの点については直接触れるところがない。同案二九条は『前四条ノ規定(共犯の規定——私註)ハ自己ノ行為ニ付処罰セラレサル者又ハ過失犯トシテ処罰セラルルニ止マル者ヲ行為ニ加功セシメタル場合ニ亦之ヲ適用ス』と規定し、従来間接正犯とされてきたものを共犯の中に包摂しようとしているのであるが、しかし右の規定の中にも、本事例の如き場合は直接含まれていない。又身分と共犯の関係を定めた同案二八条の規定も、現行の六五条と全く同じである。この意味で、本問題は、なお将来にのこされた問題であるといつてよい。

三　加減的身分と共犯

一　概　　説

刑法六五条二項は『身分ニ因リ特ニ刑ノ軽重アルトキハ其身分ナキ者ニハ通常ノ刑ヲ科ス』と規定している。『身分ニ因リ特ニ刑ノ軽重アルトキ』というのは、既にのべた如く所謂不真正身分犯のことである。即ち、加重的身分犯と減軽的身分犯がこれである。そして、この種の身分が如何なるものを指称するかについては、これ又既に見た通りである。従つて、本項の趣旨は、かような身分者と非身分者とが共犯関係に立つた場合、身分者はその身分犯により、非身分者は通常の犯罪によつて処罰される、ということを意味するものであつて、他に特別に意味はない。例えば、他人が子を教唆してその親を殺さしめた場合は、子は二〇〇条の尊属殺人罪により、他人は身分がないから一九九条により処罰せられ、又、通常人が賭博常習者の賭博行為を幇助した場合は、常習者は一八六条一項の常習賭博罪により、通常人は身分がなく且つ従犯であるから、一八五条の従犯として処罰される、という趣旨である。この点に関し、参考として次の判例をあげておきたい。

【14】『賭博罪ハ偶然ノ輸贏ニ関シ財物ヲ以テ博戯又ハ賭事ヲ為スニ因リ成立シ犯人ニ賭博ノ常習アルト否トハ犯罪ノ成立ニ何等ノ影響ナキモノナルコトハ法律上毫モ疑ナキ所ニシテ其常習アルト否トニ従ヒ之カ罰条ヲ異ニスルハ犯罪構成要件ノ異ナル為メニ非スシテ法律カ之ヲ処罰スルニ軽重相異ル別個ノ刑ヲ以テシタル結果ニ外ナラス而シテ刑法第六十五条第一項ハ犯人ノ身分ヲ以テ構成要件トセル犯罪ニ加功シタルモノハ其身分アラサルモ身分アルモノノ共犯トシテ処罰スル事ヲ規定シタルモノニシテ犯人ノ身分ヲ以テ其構成要件トセス単ニ刑ノ軽重ノ原因トセル犯罪ニ在リテハ何等関係ナキ条項ナレハ本件被告A同Bノ如ク賭博ノ常習ナキ者カ賭博常習者ノ犯罪ヲ幇助シタル場合ニ於テハ同条項ハ之ヲ適用スヘキ筋合ノモノニ非ス……之ヲ法律ニ照スニ被告A同Bノ行為ハ……賭博幇助トシテ同法第六十五条第二項ニ依リ同第百八十五条第六十三条第六十八条ニ該当スルヲ以テ……』（大判大二・三・一八刑録一九・三五六）。

【15】『刑法第六十五条第一項ハ犯人ノ身分ヲ以テ構成要件トセル犯罪ニ加功シタル者ハ身分ナキ者ト雖共犯トシテ処分スルコトヲ規定シタルモノニシテ犯人ノ身分ヲ以テ単ニ刑ノ加重ノ原因トセル犯罪ニ付テハ何ラ関係ナキ条項ナレハ衆議院議員選挙法第百十三条第二項ノ犯罪ニ共謀セル者ニ対シテハ右第六十五条第一項ヲ適用スヘキモノニ非ス蓋右選挙法第百十三条第一項各号ハ何人ト雖犯シ得ル犯罪ニシテ其ノ第二項ハ選挙事務ニ関係アル官吏又ハ吏員ニ付テハ特ニ刑ヲ加重セルニ過キスト解スルヲ正当トスレハナリ原判示ハ之ヲ要スルニ被告人Hハ……Aヨリ其ノ応援尽力方懇請セラルルヤ同選挙区内ナルN町ノ町長Bト共謀ノ上判示ノ如ク勧誘ヲ為シタリト云フニ在ルヲ以テ被告人Hニ対シテハ刑法第六条第二項ニ依リ右選挙法第百十三条第一項ノ適用ヲ為セハ足リ刑法第六十五条第一項ヲ適用スルノ要ナキモノトス』（大判昭一四・四・六刑集一八・一八七）。

つまり、一言でいうと、六五条二項の趣旨は、非身分者と身分者とはそれぞれ他者に関係なく、その固有の刑責を受けるということである。だから、この点だけから考えると、本項は極めて自然な規定であつて、特に問題とすべき点がないように見える。しかし、些細に検討すると、本項も決してしかく簡単なものではないのであつて、その解釈適用については種々の問題がある。例えば、具体的犯罪について本項の適用が果してあるか否かは必ずしも明確でない場合があり、又本項は刑だけについて規定したものか或いは犯罪についても亦適用があるのかの点についても異見があり、更に本項の適用は身分者が正犯たる場合にのみ限られるのか共犯の場合にも認められるのかについても議論がある。だから、本項につき十分理解をもつためには、これらの問題点についても亦その内容を明らかにしておかねばならぬ。そこで、以下に於ても、かような点について説明を加えていきたいとおもうのであるが、遺憾なことは、本項についての判例が従来比較的少ないのみならず、可なり一定の場合に偏したものが多いという点である。従つて、判例の見解を遂一参照しつつ論及するということにはある程度困難がある。而して又この意味で、説明も自ら不整たるを免れないと思うが、この点は予め断つておきたい。

二　六五条二項と堕胎罪

具体的犯罪と六五条二項の適用について、主として問題となるのは堕胎罪である。その他の犯罪に関しては、この点につき余り問題はない。堕胎罪については、次の如き二つの場合がある。

（一）　先ずその一つは、懐胎の婦女と一般の者とが共謀して堕胎した場合、六五条二項の適用があるか否かの問題である。判例は次の如き見解をとつている。

【16】　『原判決ハ被告Hカ初メ被告Cト私通シCハ懐胎ノ身トナリシヨリ堕胎ヲ共謀シ之ニ基キCヨリ被告

Nニ堕胎ヲ依頼シテ同人ヲシテ堕胎手術ヲ施サシムルコトトナリ三名通謀一体トナリテ本件堕胎罪ノ実行ヲ完了シタルモノト認定シタルモノニシテ原判決ノ判示各証拠ヲ綜合スレハ之ヲ推断スルニ難カラス……懐胎ノ婦女カ他ノ男子婦人ト共謀シテ相与ニ堕胎ヲ遂ケタル事実ハ数人共同シテ同一ノ法益ヲ侵害シタル共犯ニシテ刑法第六十条ニ該当シ且懐胎者ノ行為ハ同法第二百十二条ニ他ノ男子婦女ノ行為ハ同法第二百十三条前段ニ該当スルモノトス従テ被告Hノ行為ハ同法第二百十三条前段ノ刑ノ範囲内ニテ処断スヘキモノニ属シ原判決カ被告Hノ行為ヲ同法第二百十二条第六十五条第一項ニ問擬シ軽キ刑ノ範囲内ニテ処断シタルハ正当ナラ〔ス〕』（大判大八・二・二七刑録二五・二六四）。

この判例は六五条二項の規定については何ら触れていない。ただ、原審が被告人HNに対し六五条一項を適用して二一二条の共同正犯としたことを否定し、被告三名は共同正犯であるがCは二一二条、HNは二一三条に該当する、としているに過ぎないのである。だから、この判例の趣旨からみると、本件の如き場合は、六五条一項は固よりその二項も亦適用がない、としている如く解されるが、しかし、六五条二項が果してかかる場合に適用がないかは問題である。判例の見解は、おそらく、二一三条は必要的共犯で懐胎の婦女と共同して堕胎を為すことを当然含んでいるのであるから（それだけ又反面からいうと二一二条についても同じことがその一部について考えられる）、特に六五条二項の適用を認める必要がないという趣旨かと察せられるが、しかし若しそうだとすれば特にCHNの三名を共同正犯と判示する必要はなく、むしろ各自の単独犯を認めて、ただHとNだけを二一三条の共同正犯とすればよいわけである。しかし、判例は従来、『懐胎ノ婦女ノ嘱託ヲ受ケ之ヲ堕胎セシメタル者ハ其ノ嘱託者ト共犯関係ヲ有スルハ勿論ニシテ刑法カ其婦女ヨリモ刑ヲ重クスルカ為メ所謂特別ノ規定ヲ設ケタルニ因リテ共犯関係ヲ喪フモノニ非ス』（大判大六・三・一七刑録二三・二二二）としてきているのであるから、かように共犯関係を認める限り、この三名は身分関係で刑の軽重があるのであるから、これを特に六五条二項から排する理由はない。或いは、C及びNHはそれぞれ二一二条及び二一三条の罪を実行したのであるから、共同正犯としても当然各罪が直接に成立し、特に身分関係を論ずる必要はないと考えられるかも知れないが、しかしそうだとすれば、子と他人とが共同に実行して親を殺したような場合も亦、同様に身分関係を特に論ずる必要はないということになる。だから、右の判例が若し同条二項の適用を本件に於て排除したとすれば、結論は別として問題があると考える。学説は、かような場合にも、本項の適用を認めるのが通常であるといつてよい（木村・各論四三頁。植松・各論一八七頁。宮本・大綱二〇七頁。平場・各論二二一頁）。

（二）　次は、懐胎の婦女自身の堕胎行為に対する第三者の加功（幇助）の場合である。判例はこれを二一二条の共犯とし、次の如く判示している。

【17】　『被告人Mハ堕胎セムコトヲ決意セル妊婦ヨリ堕胎施術周旋方ノ依頼ヲ受ケテ之ヲ承諾シ産婆タル被告人Y方ニ同人ヲ案内シ原判決ノ如キ手術方法ニ依リテYノ堕胎手術ヲ受ケシメタル上自宅ニ滞在セシメテ其ノ目的ヲ遂ケシメ以テ姙婦ノ堕胎行為ヲ容易ナラシメタリト云フニ在リ而シテ右ノ如ク姙婦ノ為ニ堕胎手術者ヲ紹介周旋シ且手術後之ヲ自宅ノ居室ニ滞在セシメテ堕胎ノ目的ヲ達セシメタルコトハ姙婦ノ堕胎行為ヲ容易ナラシメタル行為ナルコト毫モ疑ナキカ故ニ該行為ハ姙婦ニ対スル堕胎幇助罪ヲ構成スヘク原審カ前掲事実ヲ以テ刑法第二百十二条第六十二条第一項ニ問擬シタルハ正当ナリ』（大判昭一〇・二・七刑集一四・七九）。

【18】　『従犯ハ罪ノ実行行為ニ属セサル行為ヲ以テ正犯ノ実行行為ヲ幇助スルニヨリ成立スルモノナルヲ以テ懐胎ノ婦女ノ依頼ニヨリ堕胎手術ヲ受クル費用トシテ金員ノ供与ヲ為スカ如キハ堕胎罪ノ従犯ヲ以テ論スヘキモノトス……原判決ノ認メタル事実ハ……被告人ハSト私通シ昭和十二年八、九月頃及同十三年九月頃ノ両度同人カ懐胎シ堕胎手術ノ費用ヲ求メラルルヤ其ノ情ヲ知リナカラ其ノ都度各三十円宛ヲSニ供与シ以テ同人

カ原審相被告人Hニ手術料ヲ支払ヒテ手術ヲ受ケ胎児ヲ堕胎シタル行為ヲ幇助シタリト云フニ在ルヲ以テ被告人ノ所為ハ刑法第二百十二条第六十二条第一項ニ当ルコト洵ニ明ナリ』（大判昭一五・一〇・一四刑集一九・六八五）。

この両判例も亦犯人の身分の点について何ら触れていない。そしてただ通例の従犯の規定をそのまま適用しているに過ぎないのである。しかし、堕胎罪に於ける『懐胎の婦女』は一般人に比し特に刑が減軽されているのであるから、所謂減軽的身分に該当すると解されねばならぬ。そうだとすれば、この場合の幇助者はかかる身分を有していないから、六五条二項によつて、当然『通常の刑』を科せられねばならぬということになる。言いかえると、この種の非身分者は二一二条の幇助犯でなく、むしろ二一三条の幇助犯として処罰せられるということになるべきである。判例は、所謂懐胎の婦女を減軽的身分でないと解している如くであるが、しかし堕胎罪の現行法の構成からみて、これを身分外の要素と考えることは妥当でない。尤も、或いは、幇助は本来従属的だからという理由かも知れぬが、しかし若しそうだとすれば、右の【14】の如き場合でも、通常人は常習賭博罪の従犯として処断されなければ一貫しない。固より、この場合の非身分者は身分者より刑が重いから、その点で右の判例の場合とは異なるが、しかしかかる相違は六五条二項の適用について何らの障害にもならない。蓋し、同項は身分により特に刑が軽いときでも、なお非身分者に重い通常の刑を科することを定めているからである。従つて、本件の場合でも、非身分者たる幇助者は当然二一三条の従犯を以て処罰されるということになる。この意味で、判例が右の如く、本件について六五条二項の適用を排除したことは、これ又問題があるといわねばならぬ。一部に於ては、右の判旨に同調する見解もなくはないが（岸・評釈三巻二九九頁）、しかし学説は概ねこれに反対していることに注意すべきである（牧野・各論下四一三頁。宮本・大綱二九五頁。小野・各論一八七頁。木村・各論四三頁。安平・各論上一〇二頁。

植松・各論一八八頁。平場・各論二三一頁）。

三　犯罪共同説と犯罪個別説

次に、六五条二項は右のように『其身分ナキ者ニハ通常ノ刑ヲ科ス』と規定しているが、この趣旨は、非身分者には犯罪としては身分犯の共犯が成立するが刑だけを通常の例によるとするのか（犯罪共同説・刑罰個別説）、当初からこの種の非身分者には通常の犯罪の共犯が成立するから通常の刑によるとするのか（犯罪個別説・刑罰個別説）、の問題がある。例えば、通常人が子と共犯関係に立つてその親を殺した場合、通常人には二〇〇条の共犯が成立し刑だけを一九九条によるとするのか、通常人には当初から一九九条の共犯が成立するが故に同条により処罰されるとするのか、の問題がこれである。前者が犯罪共同説的見方であり、後者が犯罪個別説的見方であることは、改めていうまでもないであろう。尤も、この問題は、結論に於て概ね相違がないから（但し親告罪その他について稀に問題となる場合がないではない）、一応実益のない議論の如く考えられるが、しかし理論的には共犯の根本につながる重要な意味をもつているから、問題としてここで触れておきたいとおもう。

（一）　この点に対する判例の態度は必ずしも統一的でない。即ち、一面では犯罪共同説のような説明をしている場合もあるし、他面では犯罪個別説的な説示をしている場合もある。この後者の例としては、特に身分者が非身分者の行為に加功した場合に比較的顕著に見出されるが、これは叙述の便宜上後にゆずるとして、ここでは専ら非身分者が身分者の行為に加功した場合だけについて考察することとする。尤も、この場合でも、前記【14】の判例に見られるように、犯罪個別説的な説示がないではないが、しかしいずれかといえば判例には犯罪共同説的説示の傾向が多いといつてよい。その典型的なものとして、次の二つのものがある。

(1)　その一つは堕胎罪に関するもので、次の如く判示している。

【19】　『本件ノ如ク被告Yカ一面懐胎ノ婦女ヲ教唆シテ堕胎ノ決意ヲ為サシメ他面医師ヲ教唆シテ同婦女ニ対スル堕胎手術ヲ行フヘキ決意ヲ為サシメ因テ一箇ノ堕胎行為ヲ遂行セシメタル場合ニ於テハ其前者ニ対スル教唆行為ハ刑法第六十一条第一項第二百十二条ニ後者ニ対スル教唆行為ハ同第六十一条第一項第二百十四条ニ該当スル所元来被告ノ行為ハ二人ヲ教唆シテ一箇ノ堕胎行為ヲ実行セシメタルニ過キサレハ包括的ニ之ヲ観察シ重キ後者ニ対スル刑ニ従フヘキモノナルモ被告ハ医師タル身分ナキモノナルヲ以テ同第六十五条第二項ニ依リ同第二百十三条前段ノ刑ヲ科スヘキモノトス』（大判大九・六・三刑録二六・三八四）。

この判例も些細に読むといろいろに解読される余地がなくはない。しかし、その大綱の趣旨は、被告Yの行為は犯罪としては包括的に見て二一四条の加重堕胎罪の教唆犯を構成するが、六五条二項によりその科刑は二一三条前段の同意堕胎罪の例による、とするものであるといつてよい。この意味で、この見解は明らかに犯罪共同説の見地に立つものといつて支障はない。犯罪個別説の立場では、この場合、Yはいずれの身分をも持たないものであるから、懐胎の婦女に対する関係でも又医師に対する関係でも、共に二一三条前段の教唆犯が成立し、従つて包括的に観察して一個の教唆行為として同条により処罰せられるということになる。

(2)　その二は子たるBの尊属殺人に加功した身分なきYに関するものである。

【20】　上告理由は次の如くである。即ち『原判文理由中「法律ニ照スニ被告人Bノ殺人ノ所為ハ刑法第二百条ニ該当シ被告人Yノ殺人ノ所為ハ刑法第六十五条第一項第二百条ニ該当シYニ対シテハ同法第六十五条第二項ニ依リ同法第百九十八条ヲ適用シテ処断スヘキモノトス云云」ト説明セラレタルモ刑法第二百条ハ直系卑属

親タル身分関係ヲ有スル加害者ニ対シ普通ノ殺人罪ノ刑ヲ加重シテ処罰スルコトヲ定メタルニ過キサレハ直系卑属ニアラサル共犯者Yニ対シテハ同法第六十五条第二項ニ依リ同法第六十条第百九十九条ヲ適用シテ処断スヘキモノナリ』

『仍テ案スルニ刑法第二百条ノ罪ハ同第百五十六条（虚偽文書偽造）ノ罪若クハ同第百九十七条（収賄罪）ノ罪等ト異ナリ犯人ノ身分ニ因リ特ニ構成スヘキ犯罪ニ非スシテ単ニ卑属親タル身分アルカタメニ特ニ其刑ヲ加重スルモノニ外ナラサレハ判示ノ場合ニ於テ被告Yニ対シ法ヲ擬セントセハ須ラク刑法第六十五条第二項ニ拠リ同第百九十九条同第二百条等ヲ適用セサル可カラサルモノナルコト洵ニ所論ノ如シ然ルニ原審ニ於テ被告Yニ対シ同法第六十五条第一項ヲ適用シタリシハ不法ニシテ本論旨ハ理由アリ……原審ニ認メタル事実ニ拠リ之ヲ法ニ擬スルニ被告Y殺人ノ行為ハ刑法第六十条第二百条ニ該当スルモ同法第六十五条第二項ニ依リ同法第一九九条ヲ適用シ云云』（大判大七・七・二新聞一四六〇・二四）。

この判例は、二〇〇条は一九九条の加重的身分犯であるから、非身分者たるYを六五条一項によつて二〇〇条の共同正犯とした原審を排斥し、専ら六五条二項によりYに一九九条を適用処断すべき旨を判示したものである。しかし、Yの行為が一九九条の共同正犯でなく、二〇〇条の共同正犯とされていることは原審と全く同様であつて、ただその理由として六五条一項を適用しなかつた点だけが異なるに過ぎないのである。従つて、この見解も亦犯罪共同説の上に立つものといつて支障はない。かような判旨が、果して右の上告理由を容れたものと解し得るかについては問題があると思うが（上告理由はむしろ犯罪個別説を主張していると考えられる）、しかしこの点はここで論ずる限りではない。犯罪個別説では、この場合でも、Yは身分関係がないのであるから、六五条二項によつて当初から一九九条が適用され、従つてBとYとはそれぞれ二〇〇条と一九九条との共同正犯を構成する、ということになるわけである。

(二)　かように、判例には犯罪共同説の見解をとるものが若干見出されるが、これと関連して、一応これに類似した構想をとりながら、然もこれと異なる一連の判例のあることを念のために指摘しておきたいとおもう。この種の判例は専ら業務上の横領罪に関するもので、数個の事例がある。

【21】　『被告Mハ……村長勤務中同村収入役ナル相被告Bト共謀ノ上……数回ニ亙リ犯意継続シテ同村内ニ於テ被告等ノ飲食代金其他種々ノ用途ニAノ職務上保管スル同村ノ公金三百余円ヲ費消シテ横領シタルモノナレハ刑法第六十五条第一項ニ依リ同法第二百五十三条同第五十五条ニ該当スル横領罪ノ共犯トシテ論スヘキモノナリ然レトモ同法第二百五十三条ハ横領罪ノ犯人カ業務上物ヲ占有セシ場合ニ特ニ重キ刑ヲ科スコトヲ規定シタルモノナレハ業務上物ノ占有者タル身分ナキ被告Mニ対シテハ同法第六十五条第二項ニ依リ同法第二百五十二条第一項ノ通常ノ横領罪ノ刑ヲ科スヘキモノトス然ルニ原判決ハ右被告Mノ所為ヲ以テ同法第六十五条第二項第二百五十二条第一項第五十五条ニ該当スルモノトシ同法第二百五十三条ニ該当スルコトヲ判示セサリシハ擬律ニ錯誤アル不法ノ判決タルヲ免レス』（大判明四四・八・二五刑録一七・一五一三。同旨、同、大四・三・二刑録二一・一九四。同、大一五・五・二九刑集五・二二七。同、昭三・一〇・二九裁判例三刑法六九。同、昭一五・三・一刑集一九・六三）。

つまり、この判例は、非占有者が業務上の占有者と共同して横領した場合、非占有者は先ず六五条一項により二五三条の共犯となるが、しかし身分がないから六五条二項によつて二五二条の刑を科すべきことを認めたものである。しかし、この趣旨については、次の如き注意すべき点がある。

(1)　先ず、この判例の操作をその外形だけから見ると、一応右の【20】の場合と類似しているから、本判例も亦犯罪共同説の立場をとつているのではないかという疑いがある。蓋し、この両判例とも、一応非身分者に重い身分犯の共犯を認め、六五条二項によつて通常の犯罪の刑を科するとしている点で、同じ形を具えているからである。しかし、この両者は、判例の立場では全く異る論理の下に把握されているのであつて、決して同趣旨のものでないことに注意を要する。このことは、前記判例に於て、原審が六五条一項を適用して二〇〇条の共犯を認めたことが排撃されているのに、本判例では逆に本項を適用しなかつたことがむしろ擬律錯誤の不法ありとして排斥されている点から見ても、容易に理解せられると考える。想うに、本件に於て、判例が六五条一項の適用を強調しているのは、横領罪に於ては非占有者は本来単独では犯罪の主体たり得ないからであつて、特に他に理由はない。言いかえると、本件の如き場合は、本来犯罪の主体たり得ない非身分者と、構成的身分者でない加重的身分者とが、直接共犯関係に立つた場合であるから、厳密にいうと、そのままでは六五条一項にも又二項にも該当しない場合であつて、いわばその中間的のものである。そこで、判例は、まずこの種の非身分者に六五条一項を適用して二五三条の共犯を認め、次で六五条二項によつて二五二条の刑を科するという二重の操作をとつているのであつて、この点、前記判例の非身分者がそれ単独でも殺人罪の主体たり得るのと、自らその性質を異にし、従つて又その適条を異にする所以がある。だから、この両者の外形的な類似性によつてこれを同視することは固より妥当でなく、又判例自身の趣旨にも相反するということになる。この意味に於て、本判例の趣旨は妥当であるといつてよい（同説、泉二・各論八九八頁。宮本・大綱三九八頁。草野・要論一四〇頁。斉藤・総論二五二頁。江家・総論四〇八頁。小野・評釈三巻三〇頁。異説、植松・総論二二三頁）。尤も、かく言つても、かかる判例の見解以外の考え方がないというのではない。かような筋道を辿らなくても、例えば非身分者は『業務上』占有者でないから六五条二項によつて二五三条の共犯たり得ないが、しかし、業務上『占有者』に加功したのであるから六五条一項によつて二五二条の共犯となる、と解することも必ずしも不可能ではない。しかし、それはとにかく、ここでは、本判例が前記【20】の判例と同じ趣旨で、犯罪共同説の見地を認めたものでないことを注意すれば足るのである。

(2)　次に、この判決に関連して問題となるのは、先に六五条一項の適用に於て引用した団藤教授の見解である。教授は、既に述べたように、六五条一項は真正身分犯たると不真正身分犯たるとを問わず『共犯の成立の問題』を規定したものであり、六五条二項はとくにこの中不真正身分犯だけについて『科刑の問題』を規定したものである、という特色ある見解を示されている。だから、この教授の見解によると、不真正身分犯に対する非身分者の共犯については、論理上つねに本条一項と二項とが併せて適用される、ということになる。言いかえると、この【21】の判例に於て見られたような操作が、むしろ原則として理論的に妥当するということとなる。従つて、この見解の下では、前記【20】の判例の如きは却つて理論的に不当であり、原審のように、非身分者（他人）は六五条一項によつて二〇〇条の共同正犯となるが、六五条二項の適用によつてただ科刑の点で一九九条によるとするのが、むしろ妥当であるという帰結になるわけである。この意味で、教授のこの見解は必ずしも判例の見地と一致しないことに注意しなければならぬ。のみならず、この見解によると、六五条二項は論理上その一項を前提とするから、加減的身分者自身が逆に非身分者の行為に加功したときは、前提たる六五条一項の適用がないから、当然又二項の適用もないということになり、従つてこの点でも通説及び判例の見地と相反するという結果となる（後述参照）。教授が、かように独得な見地をとられるのは、根本に於て、共犯論上種々問題のある六五条（特にその二項）の規定に関し、その抱懐される犯罪共同説の立場を貫徹されようとする意図に基くのであり、その意味で一つの創見たることは固よりこれを認めねばならぬが、しかし反面それだけに又問題があるといわねばならぬであろう。

四　身分者が非身分者に加功した場合

右に於て、非身分者が身分者の行為に加功した場合に問題となる点を見て来たのであるが、次に、この種の身分者が逆に非身分者の行為に加功した場合について同様問題となる点を見ることとする。

(一)　先ず、六五条二項はかような場合にもなお適用があるか、の問題である。判例は曾つて常習賭博罪につき消極的態度を示し次のように判示したことがある。

【22】　『刑法第百八十六条第一項ハ常習トシテ博戯又ハ賭事ヲ為シタル行為ヲ処罰スル規定ナルヲ以テ自ラ常習トシテ博戯又ハ賭事ヲ為シタル者ニ限リ該条ヲ適用スヘク単ニ他人ノ賭博行為ヲ幇助シタル場合ハ仮令其幇助者カ賭博ノ常習アル者ナルトキト雖モ常習賭博ノ従犯ヲ以テ論スヘキモノニ非ス原判決ノ認定事実ニ依レハ被告ハ賭博常習者ナリト雖モ自ラ賭戯又ハ賭事ヲ為シタルニ非スシテ他人ノ賭博行為ヲ幇助シタルニ過キサレハ単ニ刑法第百八十五条ノ賭博罪ノ従犯ヲ以テ論スヘキモノトス故ニ原判決ニ於テ被告カ賭博ノ常習アルモノニシテ其常習ナキ他人ノ賭博行為ヲ幇助シタル事実ヲ認定シ之ニ刑法第百八十六条第一項第六十三条第六十八条ヲ適用シテ処断シタルハ所論ノ如ク擬律錯誤ノ違法アルモノニシテ本論旨ハ理由アリ』(大判大三・三・一〇刑録二〇・二六八)。

つまり、この判例の趣旨は、一八六条一項に所謂『常習トシテ博戯又ハ賭事ヲ為シタル者』というのは、実行正犯としての賭博常習者だけをいうので、従犯としての常習を規定したものでないから、常習者が幇助してもこれに該当しないとするものである。従つて、この趣旨からすると、一八六条一項について六五条二項が適用されるのは、専ら共同正犯の場合だけに限られるということになる(尤も、一八六条一項が必要的共犯だとすると、この点でも一応問題がある)。

しかし、判例はその後間もなくこの態度を改めて、常習賭博罪についても他の一般犯罪に於けると同様、教唆・幇助につき本条二項の適用を認めるべきだとし、次の如く判示するに至った。

【23】『……依テ其加重ハ財物ヲ賭シテ自ラ輸贏ヲ決シタル本人即チ実行正犯者ノミニ限ルヘキモノナルヤ否ヤノ点ニ付審究スルニ身分ニ因ル加重減軽ニ関スル同法第六十五条第二項ノ規定ハ止タ実行正犯ノミナラス教唆者及ヒ従犯ニ其適用アリ若シ独リ賭博罪ニ在リテハ財物ヲ賭シ自ラ輸贏ヲ決シタル本人ノミニ対シ常習ニ因ル加重ヲ為スヘキモノトセソカ是レ刑法総則ノ法理ニ基クニアラスシテ賭博罪ニ対スル特別規定ノ解釈ニ由ルモノナラサルヘカラス然ルニ刑法第百八十六条ハ常習トシテ博戯又ハ賭事ヲ為シタル者ハ三年以下ノ懲役ニ処スト規定スルニ過キス惟フニ刑法ニ於テ常習賭博罪ノ刑ヲ加重スル所以ハ財物ヲ賭シテ自ラ輸贏ヲ決スル本人即チ所謂博徒ヲ厳罰シテ此種ノ犯罪ヲ鎮圧スルノ趣旨ナルヘシト雖常習トシテ賭博ヲ教唆スルカ如キハ之ヲ自ラ賭博ヲ実行スル者ニ比シ毫モ処罰ヲ異ニスヘキ所以ヲ見サルノミナラス原来教唆犯及従犯ニ関スル刑法総則ノ法理カ同法ニ規定スル他ノ各罪ニ其適用アルニ拘ハラス特ニ常習賭博ニ関シテ其適用ナシトスルニハ法ノ特別規定ヲ竢テ始メテ之ヲ判定スルヲ得ヘキモノニシテ如上ノ特別規定ナキ刑法ニ同法第百八十六条第一項ノ解釈トシテ前掲一般法理ノ変例ヲ認ムルニ由ナキモノトス故ニ賭博ニ関シテハ其実行正犯タルト教唆犯若クハ従犯タルトノ別ナク汎ク是等ノ賭博行為ニ付之ヲ為スヲ常習トスル者カ其実行正犯タリ教唆犯若クハ従犯タル場合並ニ屡次如上ノ賭博行為ヲ為スニ因リ反覆シテ賭博ヲ為ス習癖カ発現スルニ至リタル場合ハ皆同法第百八十六条第一項ノ適用ヲ免レサルモノトス……』（大判大三・五・一八刑録二〇・九三二。同旨、同、大七・六・一七刑録二四・八四八。同、大一二・二・二二刑集二・一一五）。

すなわち、この判例は、前判例の如く一八六条一項に限つて総則規定の法理を別様に制限し、賭博の常習性を実行正犯に限るとするのは実質上も法規上も理由がないから、その習癖が教唆又は幇助として発現した場合も、当然六五条二項の適用が認められるとするものである。従つてこの立場からみると、常習者が非常習者の賭博行為を幇助したときは、非常習者は固より一八五条の賭博罪となるが、常習者は六五条二項により一八六条一項が適用された上一般従犯に関する減軽をなすべきものとする、ということになる。そして、かような法理は、固よりこの場合に限られないから、例えば子が他人を教唆してその親を殺さしめた場合も、他人は一九九条の殺人罪となるが、子は重い二〇〇条の教唆犯を以て処罰せられる、ということになるわけである（大判大一二・三・二三刑集二・五四）。かように判例はこの点に関し積極的見解を示しているのであるが、学説も又この点では同じである（大場・各論下五〇〇頁。小野・総論二一六頁。木村・各論二四六頁。安平・各論下二八六頁。斉藤・各論一二一頁。江家・総論四〇八頁。植松・各論一五五頁。平場・各論・一七五頁）。尤も、一部に於ては異見はなくはないが、叙述の都合上、これについては次にゆづることとする。

（二）　次に、それではこの場合、この加功者たる身分者に如何なる犯罪が成立するか、の問題がある。この問題は、先に非身分者が身分者の行為に加功したときにも触れられた点で、ただここではそれを逆の立場から問題とするに過ぎないのである。ところで、これに関しては、およそ次の如き三つの見解がある。第一説は、身分者は非身分犯の共犯となるとする見解であり、第二説は、身分者は非身分犯の共犯となるが、六五条二項により重き身分犯の共犯として処罰せられるとする見解であり、第三説は、身分者は六五条二項により当該身分犯の共犯となるとする見解である。この中、第一説と第二説は、犯罪としては非身分犯の共犯が成立するとする点で同じであるが（犯罪共同説）、身分者に六五条二項の適用を認めるか否かについて相違があり、第二説と第三説は、共に身分者に六五条二項の適用を認める点では同一であるが、後者は身分者に当該身分犯そのものの共犯を認める点で相違がある（犯罪個別説）。

第一説の見地をとられるのは団藤教授である。即ち『不真正身分犯につき、正犯にその身分がなく、教唆者・幇助者にその身分があるばあいについては、疑問がある。例えば、他人を教唆して自分の親を殺させたばあい、賭博常習者が非常習者に賭博を教唆したばあいなどがこれである。それぞれ尊属殺人ないし常習賭博の教唆としての刑を科するという考え方が、通説、判例になつている。これは共犯独立性説のように、教唆行為・幇助行為を実行行為とみる立場からは、当然の結論である。しかし、教唆・幇助を基本的構成要件と異る行為類型とみるときは、この結論は不当だといわなければならない』（団藤・刑法一六〇頁）とされるのがこれである。この見解は、直接には右の【22】の判例と同じ立場に立たれるもので、身分者が実行正犯たる場合にのみ六五条二項の適用があるとする消極的見解を示されたものであるが、しかし右にも述べたように、この見解は六五条一般に関する教授特有の考え方と連なるものであつて、畢竟共犯従属性説と犯罪共同説の立場を純化徹底されようとするものだといつてよい。しかし、問題となるのは、例えば子が他人を教唆して自己の親を殺させたような場合、教唆は一般的には自ら実行した場合（正犯）と同刑責をもつとされているに拘らず、特にこの場合に限つて普通殺人罪の教唆とすること、いいかえると、二〇〇条は原則として実行者のみの刑責を規定したもので教唆（又は幇助）には関係がないとすることが、果して実質上も法文上も根拠があるとされるかどうかの点である（上の【23】の判例の趣旨も亦ここにある）。ここにこの見解の最も根本的な問題があると考える。

第二説は通説の立場である。尤も、わが国の通説は、この点につき、特に『犯罪の問題』と『科刑の問題』とを区別して論じていないから、厳密に言つて、通説をかように地位ずけることは疑問がないではない。しかし、通説は従来から共犯論に於て犯罪共同説の立場をとつているから、この点から観て、右のように解することも一応ゆるされてよいと解する。尤も、他面に於て、かく身分者が加功者たる場合、これに身分犯の共犯として科刑することが、六五条二項の解釈として可能であるか否かにつき異論がないわけではないが（団藤・刑法一六〇頁註参照）、しかしこの第二説は畢竟先の【19】や【20】の判例の見解を逆にしただけのことであるから、理論的に十分可能な考え方であるといつて妨げはないと解する（教授はこの考え方は畢竟消極的身分を身分と見るもので不可だとされるが、しかし先の判例ではむしろこの場合に六五条一項を適用すべきことを否認している）。従つて、これを特に排斥する理由はないと考える。むしろ犯罪共同説の立場をとる限り、この見解が結論に於て無理のない考え方であり、従つて又六五条二項の趣旨にも合致する所以であると解する。

第三説は右の【23】に表明された判例の見解である。判例は、ここで、非常習者の賭博を幇助した常習者につき『刑法第六十五条第二項ノ趣旨ニ依リ同法第百八十六条第一項ヲ適用シタル上一般従犯ニ関スル減軽ヲ為スヘキモノトス』と判示し、百八十五条の共犯の点については何ら触れていない。又これと関連して述べた右の尊属殺人罪の場合に於ても、他人を教唆して自己の親を殺させた子に対し『被告ノ判示所為ハ刑法第六十一条第一項第二百条ニ該当ス』とした原審の判示をそのまま承認し、一九九条の共犯の点については同様何ら論及していない。つまり、ここでは、直接に一八六条一項の従犯、二〇〇条の教唆犯が認められているに過ぎないのである。だから、この点では、六五条二項は単に科刑の問題だけを規定したものではなく、むしろ犯罪自体を規定したものと解されている、といつてよい。いいかえると、この判例の態度は、右の【19】や【20】の態度と異つて、明白に犯罪個別説の立場をとつているということになるわけである。而して又この意味で、判例には、既に述べたように、前後明らかに矛盾があるということになる。判例は、従来から共犯従属性説の立場をとつているから、その点でこの場合でも一応犯罪共同説の立場（即ち第二説）をとることが、その本来のあるべき姿のように解されもするが、しかし共犯従属性説と犯罪共同説とが理論的に必ずしも結び付かないことは、右の判例自身が明瞭にこれを示しており、又学説の一部に於ても、既に主張されているところである（植田『共犯の基本問題』一一五頁以下。小野慶『共犯と身分』刑事法講座三巻四九七頁。なお Welzel, Das Deutsche Stafrecht, 4 Aufl. S. 89 f. もドイツ刑法五〇条二項は、責任の問題でなく構成要件の問題だとしている）。従つて、この【23】に表示された判例の趣旨が、判例自身の立場として、特に異例のものだとは固より言い得ないのである。この意味に於て、今後判例がこの矛盾をそのいずれの見地に於て解決するかは、判例自身に負わされた重要な課題だといつてよいと思う。

四　消極的身分と共犯

一　概　説

通常、消極的身分の意義には二つのものがあつて、その一つは一定の身分者に対してその身分をもたない者、即ち非身分者を一般に指称する場合と、他の一つは一定の身分をもつことに因つて、然らざれば処罰されるのを特に刑を科せられない者、即ち不処罰的身分を指称する場合とがある。学説では往往この二つが併用されるときがあるが、ここでは混同を避けるために、特に後者即ち不処罰的身分をいうものと決めておきたい。

ところで、かような不処罰的身分の原因については、種種のものがある。即ち、一定の身分があることによつて、然らざれば違法となる行為が、特にその違法性を阻却される場合もあるし、又同じ理由によつて違法性は阻却されないが、責任を阻却される場合もある。この外、学説に所謂一身的（又は人的）刑罰阻却原因として、犯罪そのものは成立するが、その身分を具えることに因つて刑罰のみが阻却される、とするような場合もある。尤も、この最後の一身的刑罰阻却原因については、一部の学説に於てかような独立の阻却原因を否定し、むしろこれを違法阻却又は責任阻却原因に還元して理解すべきものとする見解がないではない（佐伯・総論一九年版一八二頁。平場・総論一六九頁）。犯罪理論の体系化という点から観て、この見解は正当な主張であるといつてよいのであるが、しかし通説並に判例は従来この種の阻却原因を認めて来ているので、便宜上ここでも一応この見地にしたがうこととする。従つて、消極的身分と共犯との関係を論ずるには、右の各場合についてこれを考えることが必要とされるわけであるが、しかしこの種の共犯関係については、現行法上直接規定されている場合が少ないので、以下の論述も主として理論に基くものであることを、予め断つておきたいとおもう。

二　違法阻却的身分と共犯

先ず、最初に、違法を阻却する身分と共犯との関係について述べることとする。特定の身分を具えることによつて、一般人には禁止されている行為を特に許容される場合が、この種の身分に該当する。例えば、狩猟免許を受けた者の狩猟行為、司法警察員の銃砲携帯、医師の医業行為などがこれである。ところで、この種の身分者と非身分者とが共犯関係に立つ場合に二通りある。一つは、非身分者がこの種の身分者に加功する場合であり、他の一つは、逆に身分者が非身分者の行為に加功する場合である。次に、これについて分説する。

（一）　身分に因つて違法性が阻却される場合に、非身分者がこれに加功しても、固より犯罪（共犯）にならない。例えば、狩猟免許を有している者に依頼して自分の欲する獲物を狩猟してもらつたり、又医師の依頼によつて医業を為すための必要費を貸与してやつたりする場合がこれである。これらの狩猟・医業などの行為は、非身分者は固より自分で為すことは禁ぜられている。しかし、免許者・医師などがこれを為すことは、根本に於て適法として認められているのであるから、それを教唆又は幇助しても、その行為自体同じく違法性を欠くからである。

(二)　しかし、逆にこの種の身分者が非身分者の行為に加功したときには問題がある。例えば、狩猟の免許を受けた者が免許のない者の狩猟行為に加功したり、医師が医師でない者の医業行為に加功したりする場合がこれである。判例は、この種の加功者をすべて有罪とし、次の如き数種の事例に就て、これを明らかにしている。

【24】『狩猟免許ヲ受ケタル者ニ非サレハ狩猟鳥獣ノ捕獲ヲ為シ得サルコトハ論者第一点ニ説述セルトコロノ如シ而シテ被告人Yノ狩猟免状ハ同人自ラ狩猟鳥獣ヲ捕獲シ得ルノ免許ニシテ他人ヲシテ之ヲ捕獲セシムルノ権限ヲ包含セス従テ被告人Yニ於テ狩猟鳥獣ヲ捕獲スルコトハ固ヨリ其ノ自由ニ属スト雖他人ヲ教唆シテ他人ニ捕獲セシムルニ至リテハ免許権ノ範囲ヲ逸脱セル違法ノモノト断セサルヲ得ス原判決カ之ヲ教唆者トシテ判示法条ニ問擬処断シタルコト正当ナリ』（大判昭一四・七・一九刑集一八・四一七）。

【25】『医師ノ免許ヲ受ケ居ル者ニ於テ他人ノ無免許医業ノ行為ヲ為スノ情ヲ知ツテ其者ノ住所ニ自己ノ出張所ノ看板ヲ掲ケシムル行為ハ之ニ依テ一方一般患者ノ招徠ヲ便ニスルト共ニ他方無免許医業ナル犯罪行為ノ発覚ヲ一時ナリトモ阻止スルノ効アルカ又ハ少クトモ犯人ヲシテ意ヲ安シテ犯罪行為ヲ遂行スルノ便ヲ亨ケシムルモノナルヲ以テ即無免許医業ノ犯罪行為ヲ幇助スルモノト云ハサルヘカラス従テ之ヲ其犯罪ノ従犯トシテ処罰スヘキハ当然ナリ』（大判大三・九・二一刑録二〇・一七一九。同旨、同、大四・七・一刑録二一・九三六。同、大四・一〇・四刑録二一・一三七六）。

【26】『按摩術営業ノ免許ヲ受ケタル者カ其ノ免許ナキ自己ノ徒弟ヲ使嗾シ単身依頼者ノ許ニ赴キ施術ヲ為シ之カ料金ヲ徴セシメルニ於テハ無免許按摩術営業ノ教唆ヲ以テ論スヘキト同時ニ其ノ徒弟ハ同規則違反ノ罪責ヲ免レサルモノトス』（大判昭一〇・一一・二二刑集一四・一二〇九）。

【27】『法定ノ選挙運動者ニアラサル者ト共謀シテ選挙運動ヲ為シタル者ハ縦令自ラ法定ノ選挙運動ノ資格

アル場合ニ於テモ無資格選挙運動者トシテ其ノ刑責ヲ免ルヘカラサルコトハ夙ニ本院判例ノ趣旨トスルトコロナリ然レハ原判決ニ於テ被告人Yカ立候補届出ヲ為シタル事実ヲ認定シナカラ法定ノ資格ナキ被告Sノ無資格選挙運動ニ共謀シタル故ヲ以テ被告人Yニ対シ無資格選挙運動者トシテ其ノ罪ヲ論シタルハ固ヨリ正当ナリ』（大判昭一六・四・七評論三〇諸法四九四。同旨、同、昭一二・二・一七刑集一六・九二〇。同、昭一二・一〇・二九刑集一六・一四一八）。

尤も、この種の判例に対しては一部に於て異論がある。即ち、美濃部博士の見解がそれであつて、博士によると、およそ行政犯にあつては、法定の義務者のみが犯罪の主体たり得るものであり、従つて義務者でない者はたとえこれに加功しても共犯は成立しないとして、右の【25】の場合は非身分者たる通常人は犯罪を構成するが医師は義務者でないから無罪であるとされ、又【26】の場合は営業者たる本人は無免許営業として固より有罪であるが徒弟は逆に無罪と解すべきであるとされ、更に【27】の場合は無資格者は義務者であるから有罪となるが選挙運動の有資格者は当然無罪たるべきものだとされている（美濃部『行政刑法概論』一〇二・九九・九七頁参照）。しかし、特定の者が法に由り一定の行為を為すべく特にその資格を認められているといつても、その資格をしかく無条件的なものと解することには問題があると考える。特に、資格者はもともと一般人には禁ぜられている行為を、特に例外的に許容されているのであるから、その資格があるからといつて、本来法の禁止している一般人に加功し、一般人をしてその行為を為さしめる如き資格すらなお具えていると解することは、法がこの資格を認めた趣旨と根本的に背馳する考え方であつて、むしろ自殺論法となる虞があるとおもう。この意味で、右の博士の見解には疑義がある。学説もかかる見解には一般に反対であつて、むしろ判例の見地を支持している（牧野・日本刑法上四五五頁。草野『消極的身分と共犯』研究四巻一五八頁。佐伯・総論一九年版三五四頁。竹田『消極的身分と共犯』法と経済九巻二号一二六頁。小野慶『共犯と身分』刑事法講座三巻五〇〇頁）。

三　責任阻却（又は減軽）的身分と共犯

次に、責任を阻却（又は減軽）する身分と共犯との関係について述べることとする。

この場合に関する問題としては、責任無能力者又は限定責任能力者と普通の責任能力者との共犯の問題である。責任無能力者（例えば刑事未成年者）や限定責任能力者（例えば心神耗弱者）が、所謂身分に該当するかは固より問題であつて、固有の意味ではむしろ身分に属しないというべきであるが、しかし責任が一身に帰属する事由である点で、これを広い意味で身分に準じて考えることも、必ずしも不当ではない。そこで、かかる観点からこの問題を考えるとして、この場合も右の二の場合と同じく、非身分者がこの種の身分者に加功する場合と、逆に身分者が非身分者に加功する場合との二つがある。

（一）　通常の責任能力者が責任無能力者（又は限定責任能力者）の行為に加功した場合は、判例は従来からこれを共犯とせず、むしろ所謂間接正犯が成立するとしている。次の判例がこれである。

【28】　『被告ハAニ対スル借用金弁済ノ責ヲ免レント欲シAノ三男Sカ未タ満十歳ニ達セス是非ノ弁別ナキヲ知ルヨリ同人ニ本件金百円ノ借用証書ヲ自宅ヨリ取出シ来ルヘク告ケタルニ同人ハ事ノ善悪ヲ知ラサル為メ其告ケラレタル証書ノ模様ニヨリ自宅仏壇抽斗ニ蔵シアリタル右証書ヲ取出シ被告方ニ持参シタルニ被告ハ之ヲ受取リ窃取ノ目的ヲ遂ケタルモノナリ而シテ右事実ノ認定ニ依レハ被告ハ是非ノ弁別ナキSヲ機械トナシ証書ヲ窃取シタルモノニシテSカ該証書ヲ取出シタル時窃取ノ行為カ已ニ完成シタルコトハ自ラ明カナルノミナラス被告ハ実行正犯ニシテ教唆犯ニアラス』（大判明三七・一二・二〇刑録一〇・二四一五）。

【29】　『……摘示の証拠を綜合すれば被告人は犯罪の実行意思のなかつた原判示S及びYを唆かして窃盗を決意、実行せしめたことを優に窺いえられるのであつて被告人が自己のために実行行為をなすべく行動したも

のでないと認めるべきであるから原審が被告人の右事実を窃盗の教唆と認定したのは相当である。なお被告人は当初Yは刑事責任能力者と思惟していたが事実は刑事責任年齢に達していなかつたことが確認し得られるので此の点は窃盗の間接正犯の概念をもつて律すべきであるが刑法第三十八条第二項により被告人は結局犯情の軽いと認める窃盗教唆罪の刑をもつて処断さるべきが相当であるというべきであるから原判決には所論のような違法は存しない』（仙台高判昭二七・二・二九特二二・一〇六。同旨、同、昭二七・九・二七特二二・一七八）。

この判例は、共犯に所謂極端従属形式をとり、間接正犯を所謂道具理論によつて基礎ずけるものだといつてよい。しかし、間接正犯の範囲並びにその根拠については、学説上諸種の異見があつて必ずしも一致していない。現在での多数説は、一応この概念を認める点では判例の見地と一致はするが、しかし共犯に所謂制限従属形式をとることによつて、判例とはその帰結を異にする。即ち、この見解によると、共犯は正犯の行為が構成要件に該当する違法性さえ具われば成立すると解されるから、右の判例に於ける加功者は間接正犯でなく、むしろ共犯と解されることになる。尤も、たとえこの場合の加功者を共犯（教唆犯）と解しても、責任能力の如きはもともと行為者の一身に専属する事情であるから、当然それは各個人について顧慮さるべきである。従つて、加功者は責任能力の点に於て何らの影響もうけないこと勿論である。

（二）　右と反対に、責任能力者の行為に責任無能力者（又は限定責任能力者）が加功する場合がある。例えば、責任能力者が窃盗その他の犯罪を行うに当つて、この種の者を見張りやその他の幇助行為に使役する場合がこれである。この場合も、右と同じ理由によつて、加功者の責任能力の点は、被加功者のそれによつて何ら影響をうけない。即ち、加功者が責任無能力者であつた場合は共犯は成立せず、限定責任能力者であつたときは共犯として刑を減軽されるということになる。
なお、右と関連して、固有の意義では矢張り身分とは言い得ないが、同じ取扱いを受けると考えられるものに、中止犯者(四三条但書)、内乱の予備陰謀・幇助罪の自首者(八〇条)、偽証及び誣告罪の自白者(一七〇条一七三条)などがある。蓋し、この種の者に対する刑の減軽乃至免除の規定の趣旨は、単に実益発生の未然防止という政策的理由の外に、広義に於ける行為者本人の情状をも含んだものと解されるから、その効果は当然かかる事由の具わる者だけに帰せられると考うべきである。従つて、共同加功者中、この種の者が存する場合は、正犯たると共犯たるとを問わず、その者だけに刑の減免がなされ、他の者には及ばないということになる。但し、中止犯の場合は、共犯者は同時に他の者の行為をも併せて中止せしめることを要する点に注意すべきである。判例も亦これを認めている。

【30】　『刑法第六十一条第一項ハ教唆者カ被教唆者ヲシテ教唆ニ基キ犯罪ヲ実行セシメタルトキハ教唆者ヲ其ノ犯罪ノ実行者ニ準シテ処断スル規定ニシテ被教唆者ノ犯罪後ノ行為ニ付テハ之ニ準シ教唆者ヲ処断スルノ規定ニ非サルコト明カナルノミナラス刑法第百七十条ハ偽証犯人カ犯罪後事件ノ裁判確定前又ハ懲戒処分前ニ自白シタル場合ニ於テ特ニ偽証犯人ノミニ付刑ノ減軽又ハ免除ヲ為スコトヲ得トノ規定タルニ止マルヲ以テ偽証犯人カ犯罪後ニ自白シタリトスルモ之ニ因リ法律上教唆者ニ刑ノ減軽又ハ免除ノ事由アリト称スヘキモノニ非ス然ラハ本件ニ関シYカ所論ノ如ク自白ヲ為シ為ニ不起訴処分ヲ受ケタリトスルモ教唆者タル被告人ニ付刑法第百七十条ノ適用アルモノニ非サレハ原判決カ被告人ニ対シ刑ノ免除又ハ減軽ヲ為ササリシヲ以テ違法ナリト称スルコトヲ得ス』(大判昭四・八・二六刑集八・四二二。反対に教唆者に対しこれを認めた判例としては、大判昭五・二・四刑集九・三五がある)。

【31】　『原判決ノ判示事実ニ拠レハ被告Kハ殺害ノ目的ヲ以テ人ヲ斬リ重傷ヲ負ハセタルモ外部ノ障害ニ因リテ犯罪ノ発覚セソコトヲ畏怖シ殺害行為ヲ遂行スルコト能ハス現場ヲ逃走スルノ止ムナキニ至リタル者ニシ

テ犯人ノ意思以外ノ事情ニ強制セラルルコトナク任意ニ殺害行為ヲ中止シタル事実ニ非サルコト洵ニ明カナルヲ以テ原判決ニ於テ被告KSノ行為ヲ殺人未遂罪ヲ以テ論シ中止犯トシテ擬律セサリシハ蓋シ相当ナルノミナラス実行正犯ノ一人ノミカ単独ノ意思ヲ以テ実行ヲ中止シ若クハ結果ノ発生ヲ妨止シタル場合ニ於テハ右中止ノ効力ハ他ノ共犯者ニ及フヘキニ非サレハ被告Kノ行為カ中止犯ニ該当スヘキモノト為スモ中止ニ付キ何等干与セサル被告Sノ行為ニ付テハ刑法第四十三条末段ノ規定ヲ適用スヘキモノニ非ス』（大判大二・一一・一八刑録一九・一二一二。なお一人が中止しても他の共犯者に中止せしめなかつた場合、中止犯が成立しないとした判例としては、大判大一二・七・二刑集二・六一〇。同旨、最判昭二四・七・一二刑集三・八・一二三七。同、昭二四・一二・一七刑集三・一二・二〇二八）。

四　一身的刑罰阻却原因と共犯

最後に、通説に所謂一身的（又は人的）刑罰阻却原因のある者と、然らざる非身分者との共犯関係について述べることとする。

ところで、所謂一身的刑罰阻却原因というのは、右に述べたように、通説では、犯罪そのものは成立するが行為者の一身的な事情でただ刑罰だけを阻却するものをいう、と解されている。そして、二四四条一項、二五七条一項及び一〇五条などに規定されている一定の親族関係ある者が、これに該るとされているのである。そこで、この問題は、具体的には、この種の親族と然らざる者とが共犯関係に立つた場合、これを如何に解するかの問題となるわけであるが、しかしこの中親族相盗及び賍物に関しては、二四四条二項及び二五七条二項に『親族ニ非サル共犯ニ付テハ前項ノ例ヲ用ヒス』とする規定があつて、非身分者には明らかに共犯の成立することが認められているから（ここから逆に一身的刑罰阻却原因の思想がでてくる所以でもある）、一応ここでは問題はない。故に、問題は、主として一〇五条に規定された身分者と然らざる者との共犯関係にある、ということになる。尤も、この場合の共犯関係も、非身分者がこの種の身分者に加功する場合もあるし、又反対にこの種の身分者が非身分者の行為に加功する場合もある。従つて、以下各場合について分説する。

（一）　曽つて判例は、或る被疑事件について捜査をうけている知人の妻女を教唆して、その証拠となる書類を焼却せしめた事件に関し、その教唆者を次の如き理由によつて無罪としたことがある。

【32】　『犯人ノ親族カ犯人ノ利益ノ為ニ為シタル証憑湮滅ノ行為ハ之ヲ罰スヘキモノニアラサルコト刑法第百五条ノ規定スル所ナリ而シテ法律カ右行為ヲ罰セサルハ犯罪ノ主観的要素タル責任能力又ハ事実認識ヲ欠如スル為ニアラサルハ勿論犯罪ノ客観的要素タル行為自体ヲ適法ノモノト認メタルカ故ニモアラスシテ刑事政策上犯人自身カ自己ノ犯罪ノ証憑ヲ湮滅スルト同シク証憑湮滅罪ノ特別ノ構成要件ヲ具備セサルモノトナシ之ヲ可罰行為外ニ放任シタルモノト解スルヲ相当トス詳言スレハ此ノ場合ニ於テハ犯人ノ親族ヲ以テ犯人ノ人格ノ延長トナシ其ノ行為ハ法律上ノ価値ニ於テ犯人自身ノ行為ト全ク同一ノモノト見做シ其ノ行為ヲ以テ証憑湮滅罪ノ構成要件ヲ充タス能ハサルモノトナシ斯ル特殊ノ犯罪ニ付其ノ絶対的不可罰性ヲ認メソトスル趣旨ニシテ……又親族相盗ノ場合トモ厳ニ之ヲ区別スヘキモノニシテ彼此混同セサルコトヲ要ス而シテ間接正犯ノ観念ハ責任無能力者若ハ犯意ナキ者又ハ意思ノ自由ヲ抑圧セラレタル者ノ行為ヲ利用シテ或犯罪ノ特別構成要件タル事実ヲ実現セシムル場合ニ存スヘキモノナレハ犯罪ノ特別構成要件ヲ事実上又ハ法律上充足スルコトヲ得サル者ヲ利用シテ間接正犯ヲ成立セシムルノ余地ナキモノトス……又犯人ノ親族ヲ示唆慫慂シテ親族ニ証憑湮滅ノ行為ヲ為サシムルモ教唆犯ノ成立ヲ認ムヘキモノニアラス何トナレハ親族ノ証憑湮滅行為ハ不可罰行為ニシテ犯罪ヲ構成セサルコト前述ノ如クナルヲ以テ正犯ノ成立ヲ条件トスル教唆犯ヲ認ムルニ由ナケレハナリ然リ而シテ親族相盗ニ関スル刑法第二百四十四条第一項ハ親族間ノ窃盗行為ハ之ヲ可罰行為トナシ単ニ其ノ刑ヲ免除スルニ過キサルヲ以テ非親族ノ共犯ハ之ヲ罰スヘキハ当然ナルモ尚且同条第二項ヲ以テ其ノ趣旨ヲ明カニシタルニ拘ラス親族ニ依ル証憑湮滅行為ニテハ同法第百五条ニ於テ之ヲ不可罰行為トシナカラ非親族ノ共犯ニ対シテ何等ノ規定ヲ設ケサルニ鑑ミレハ両者ハ厳然区別セラルヘキモノニシテ之ヲ同趣旨ノモノト為スヘキニ非ス

此ノ点ヨリ見ルモ法律ハ親族ニ依ル証憑湮滅ヲ非親族タル第三者カ教唆スル場合ハ罪責ヨリ放任シ之ヲ罰セサル趣旨ナリト解スヘキモノトス……』（大判昭九・一一・二六刑集一三・一六〇四）。

この判例は、改正前の一〇五条が『本章ノ罪ハ犯人又ハ逃走者ノ親族ニシテ犯人又ハ逃走者ノ利益ノ為メニ犯シタルトキハ之ヲ罰セス』と規定されていたことに基くのであつて、固より現在の規定を根拠としたものではない。しかし、この判例に対しては、判旨が一〇五条の意義、間接正犯の根拠、教唆犯の内容、親族相盗との区別など論点が多岐にわたつているので、当時に於ても強い関心が払われ、各方面に相次いでこれに対する賛否両論がたたかわされたのである。即ち、結論に於てこの判例の見地を支持して教唆者を無罪とするもの（小野『構成要件概念の訴訟法的意義』牧野還暦祝賀論文集四四頁。滝川『犯人の妻に対する証憑湮滅の教唆』法と経済三巻四号一三八頁）、教唆者を間接正犯とするもの（平井『犯人の妻を教唆して証憑を湮滅したる者の責任』法曹一三巻一号二五頁）、これを文字通り教唆犯とするもの（草野『研究』二巻一〇二頁。木村『刑法第一〇五条と教唆及び間接正犯』志林三七巻四号三二頁。佐伯『犯人の親族を示唆慫慂して証憑を湮滅せしめたる者の責任』法叢三二巻五号一〇六三頁。竹田『違法阻却及責任阻却と共犯及間接正犯』法時七巻六号三一頁。牧野・日本刑法下五〇頁）などがこれである。だから、学説はむしろ教唆犯説が多数であつたといつてよいわけであるが、この根拠は、旧一〇五条の『之ヲ罰セズ』とする規定は、二四四条（又は二五七条）一項の『其刑ヲ免除ス』とする規定と理論上特に区別があるわけでなく、共に一身的刑罰阻却原因（又は責任阻却原因）を認めたものと解すべきであるから、これと右判例の如く殊更に区別して、後者に成立する共犯を（二四四条二項・二五七条二項）前者の場合に否定するのは、ただ規定の形式に拘泥した議論であつて理論上根拠あるものでない、とする点にその骨子がある。尤も、改正後の現在の規定では、同条は『其刑ヲ免除スルコトヲ得』となつているから、この種の事例では、判例でも恐らく教唆犯が認められると解されるが故に、特に今後は問題はないといつてよい。ただ、問題は、この種の教唆犯は親族と同じく刑の免除を受け得るかの点であろう。一〇五条は親族に限つてその刑の免除し得る特例を認めたものであるから、身分なき教唆犯には固より同条の適用はないと解すべきである（この点について　はなお次述参照）。

（二）　次に、逆にこの種の身分者が非身分者に加功して犯罪を行わせた場合、例えば右の妻女が第三者を教唆して夫の被告事件の証憑を湮滅せしめたり、又は犯人たる夫を蔵匿・隠避せしめたような場合は、これを如何に解するかの問題がある。

(1)　判例は、旧一〇五条の規定の下で、なおこれを有罪とし、妻女を教唆犯に該当するものとして、次の如く論じている。

【33】　『刑法カ其ノ第百三条ニ於テ罰金以上ノ刑ニ該ル罪ヲ犯シタル者ヲ隠避セシメタル者ヲ処罰スル旨規定シタルニ拘ラス第百五条ニ於テ犯人ノ親族ニシテ犯人ノ利益ノ為ニ第百三条ノ罪ヲ犯シタルトキハ之ヲ罰セサル旨規定シタル所以ノモノハ親族互ニ扶ケ相憐ムハ人情ノ自然ニシテ斯ノ如キ場合ヲモ処罰スルハ酷ニ失スル嫌アルヲ以テ之ヲ寛仮シテ庇護ノ自由ヲ認メタル例外的規定ナルト同時ニ何人モ他人ヲ教唆シテ犯罪ヲ実行セシムルコトヲ得サルハ言ヲ俟タサル所ナレハ縦令親族タル犯人ヲ庇護スル目的ニ出テタリトスルモ他人ヲ教唆シテ犯人隠避ノ罪ヲ犯サシムルカ如キハ所謂庇護ノ濫用ニシテ法律ノ認ムル庇護ノ範囲ヲ逸脱シタルモノト謂ハサルヲ得サルニヨリ犯人隠避教唆ノ罪責ニ任セサルヘカラサルヤ論ヲ俟タス然ラハ犯人ノ親族カ他人ヲ教唆シテ犯人ヲ隠避セシムルモ教唆ノ罪責ヲ負フヘキモノニ非サル旨ノ所論ハ不当ニシテ之ヲ根拠トシテ原判決ヲ攻撃スルハ肯綮ヲ失スルモノト謂ハサルヘカラス』（大判昭八・一〇・一八刑集一二・一八六）。

この判例に対しても――尤もこの判例の事案そのものは、犯人自ら他人を教唆して自己を隠避せしめたものであるが、上告論旨で引用された親族による教唆の点に関して判示されたものである――学説上賛否両論がある。反対説によると――これ又その論拠は必ずしも一様でないが概していうと――

一〇五条は畢竟人情の自然、即ち刑法的にいいかえると他の行為をなすべき期待可能性のないこと（従つて又その意味で責任阻却）を認めたものであるから、かような事由は本来一身的なものであり、従つて自ら行うと他人を利用して間接に行うことによつて理論上区別があるべきでないとされる（牧野・日本刑法下五四頁。宮本・大綱五〇四頁。滝川・各論二八一頁。木村・各論三四四頁。植松・各論三七頁）。これに対し、肯定説は、期待可能性はなるほど責任要素として一身的なものであるが、しかしその存否は責任能力のような場合と異なり、各事情に応じて変化し得る相対的のものであるから、自ら行う場合にそれが否定されるからといつて、それをそのまま他人を陥罪して行うような場合にまで拡大して、一率にこれを肯定することは妥当でないとする（佐伯・総論一九年版三五三頁。小野・各論三六頁。植田・要説一七七頁。団藤・刑法二四二頁。井上・各論二五五頁。平場・各論三〇頁・斉藤・各論一〇六頁。なお草野『研究』三巻一三五頁）。かように、この判例については学説の見地が岐れているが、この両見解は、一〇五条が改正された現在でも、なお影響をもつことに注意を要する。即ち、右の反対説によると、一〇五条に於ける身分者は、自ら直接行うと他人に加功して行うとを問わず、ともに『その刑を免除され得る』ということになるが、しかし、判例並びに右の肯定説によると、親族が自ら為す場合は固より別論であるが、他人に加功して為した場合は、必ずしも『刑の免除を受け得ない』ということになる。従つて、右の判例並びにこれに対する学説は、単に旧規定に関するものではなく、現在でも――固より間接ではあるが――なお重要な意味をもつていることを、看過してはならない。

(2)　右と関連して、次に、犯人自身が第三者を教唆して自己を蔵匿・隠避させたり、自己の被告事件につき証憑を湮滅又は偽証せしめるような場合について、触れておきたいとおもう。蓋し、この場合も、犯人自身がかような行為をした場合は、構成要件を欠如して罪とならない点で、広義に於ける一種の阻却的身分と解されないわけではないからである。ところで、判例はこの場合、終始教唆者たる犯人を有罪と解すべきものとし、次の如く判示している。

【34】『犯人カ其ノ発見逮捕ヲ免レントスルハ人間ノ至情ナルヲ以テ犯人自身ノ単ナル隠避行為ハ法律ノ罪トシテ問フ所ニ非ス所謂防禦ノ自由ニ属スト雖他人ヲ教唆シテ自己ヲ隠避セシメ刑法第百三条ノ犯罪ヲ実行セシムルニ至リテハ防禦ノ濫用ニ属シ法律ノ放任行為トシテ干捗セサル防禦ノ範囲ヲ逸脱シタルモノト謂ハサルヲ得サルニヨリ被教唆者ニ対シ隠避罪成立スル以上教唆者タル犯人ハ犯人隠避教唆ノ罪責ヲ負ハサルヘカラサルコト言ヲ俟タス』（大判昭八・一〇・一八刑集一二・一八二七）。

【35】『刑法第百四条ノ罪ハ他人ノ刑事被告事件ニ関スル証憑ヲ湮滅シ又ハ偽造変造シ若クハ偽造変造ノ証憑ヲ使用スルニ依リテ成立スルモノナレハ苟モ他人ノ刑事被告事件ニ関シ此等ノ行為ヲ為シタル以上ハ縦令刑事被告人ノ教唆ニ因リ被告人ノ為メ之ヲ為シタル場合ト雖モ尚ホ同条ノ罪ヲ構成スヘク従テ之ヲ教唆シタル刑事被告人ハ該罪ノ教唆者トシテ論スヘキモノトス』（大判明四五・一・一五刑録一八・六。同旨、同、昭一〇・九・二八刑集一四・一〇二九）。

【36】『按スルニ被告人カ自己ノ刑事被告事件ニ付虚偽ノ陳述ヲ為スモ何等ノ犯罪ヲ構成スルモノニ非サルコト洵ニ所論ノ如シト雖是レ決シテ右虚偽ノ陳述ヲ為ス行為ヲ目シテ被告人ノ権利ニ属スルモノト解スルカ為ニ非サルハ勿論条理違反性ヲ有セサルモノト解スカ為ニモ非スシテ唯被告人タルノ身分ニ顧ミテ真実ノ陳述ヲ為スヘキコトヲ期待スルコトノ不可能事ニ属スルカ故ニ責任阻却事由アル一場合トシテ法律上之ヲ不問ニ付スルノミサレハ此ノ如キ責任阻却ノ事由ハ被告人単独ニテ虚偽ノ陳述ヲ為ス場合ニノミ認メラルヘキモノニシテ他人ヲ教唆シテ虚偽ノ陳述ヲ為サシムル偽証教唆ノ如キ場合ニマテ拡張セラルヘキモノニ非ス蓋シ被告人ノ教唆ニ因リテ偽証シタル他人専ラ刑セラレ之ヲ教唆シタル被告人独リ免ルルカ如キハ国民道徳ノ観念上許サルヘキコトニ非サレハナリ従来本院判例カ刑事被告人ニ於テ自己ノ刑事被告事件ニ付他人ヲ教唆シテ偽証セシムルハ弁護権ノ範囲ヲ逸脱シタルモノトシテ其ノ刑責ヲ認メサルヘカラスト為ス所以ハ全ク此ノ謂ニ外ナラス』（大判昭一一・一一・二一刑集一五・一五〇一。同旨、同、明四二・八・一〇刑録一五・一〇八六。同、明四三・六・一四刑録一六・一一九三。同、大六・七・九刑録二三・八五〇。同、昭七・六・一三刑集一一・八三二）。

右の三種の判例は、現在なおそのままの形で生きている点で、前記【23】の判例とは一応異なるが、しかしその根本の趣旨が——犯人自らこの種の行為を為す場合は固より無罪であるが、他人を利用陥罪してまでこれを為すのは、法の認めた不罰の限度を逸脱するから免責しない——とする点に於て、いずれもこの【33】の判例のそれと全く一致するといつてよい。従つて、先に【33】に於て述べたところは、すべてこの場合にも亦妥当する。学説上賛否両論のあることも固より同じである。ただ、本判例については、改正仮案上明文を以て反対趣旨が規定されている点に注意を要する。即ち、同案二二二条二項によると『親族、戸主又ハ同居ノ家族本人ノ利益ノ為前項ノ罪ヲ犯シタルトキハ之ヲ罰セス人ヲシテ自己ヲ蔵匿又ハ隠避セシメタル者亦同ジ』と規定されているのがこれである（なお偽証及び証拠湮滅に関しても同案二二七条に同旨の規定がある）。仮案のこの趣旨が、犯人のみならず、親族が人を利用した場合なおこれを無罪とするか否かは必ずしも明らかでない。しかしそれはとにかく、かように仮案が伝統的な判例の見地を一挙に否定したことは、その批判は別とし、十分注目せられねばならぬであろう。

高等裁判所判例

地方裁判所判例

最高裁判所判例

判　例　索　引

大審院判例

著者紹介

斉《さい》藤《とう》 金《きん》作《さく》 早稲田大学教授

植《うえ》田《だ》 重《しげ》正《まさ》 関西大学教授

総合判例研究叢書 刑 法 (2)

昭和31年9月20日 初版第1刷印刷
昭和31年9月30日 初版第1刷発行

著作者 斉 藤 金 作
植 田 重 正

発行者 江 草 四 郎

印刷者 藤 本 鞏

東京都千代田区神田神保町2ノ17
発行者 株式会社 有 斐 閣
電話九段(33)0323・0344
振替口座東京370番

印刷・藤本綜合印刷株式会社 製本・稲村製本所
Printed in Japan

総合判例研究叢書 刑法(2)
(オンデマンド版)

2013年2月1日　発行

著　者　斉藤　金作・植田　重正

発行者　江草　貞治

発行所　株式会社 有斐閣
〒101-0051　東京都千代田区神田神保町2-17
TEL　03(3264)1314(編集)　03(3265)6811(営業)
URL　http://www.yuhikaku.co.jp/

印刷・製本　株式会社 デジタルパブリッシングサービス
URL　http://www.d-pub.co.jp/

AG502

ISBN4-641-91028-6